Zu diesem Buch

In seiner Rezension zur amerikanischen Ausgabe dieses italienischen Bestsellers schreibt Martin Gardner: «Kognitionspsychologen untersuchen, wie wir denken und Entscheidungen treffen. In den vergangenen Jahrzehnten haben sie ein breites Spektrum verwirrender Fragen ersonnen, die die meisten aufgrund ihres geringen Verständnisses von Logik und Wahrscheinlichkeitstheorie falsch beantworten. Die richtigen Antworten liegen dem intuitiven Denken so quer, daß sie, wie die bekannten optischen Täuschungen, ungläubiges Erstaunen hervorrufen. Piattelli-Palmarini hat einen vergnüglichen, herzerfrischend lockeren Überblick über die sogenannten kognitiven Täuschungen verfaßt. Sie entstehen, schreibt er, aufgrund seltsamer blinder Flecken oder mentaler Tunnel in unserem Denken und verzerren dieses erheblich, nicht nur im Alltagsleben, sondern auch in Bereichen wie Gesetzgebung, Politik, Wirtschaft oder medizinische Statistik... *Die Illusion zu wissen* ist zur Zeit das beste populäre Buch auf diesem absonderlichen Gebiet.

Massimo Piattelli-Palmarini, 1942 geboren, promovierte in Physik, arbeitete mit Jacques Monod am Institut Pasteur zusammen, war Direktor am Florentinischen Zentrum für Wissenschaftsgeschichte und -philosophie, lehrte an der Harvard University und der Sorbonne sowie an den Universitäten Rom, Florenz und Bologna. Er forscht heute am Kognitionswissenschaftlichen Zentrum des MIT und lebt seit 1985 in Boston. 1994 erschien bei Campus sein Buch *Lust am Lernen*.

Massimo Piattelli-Palmarini

Die Illusion zu wissen

Was hinter unseren Irrtümern steckt

Deutsch von Renate Heimbucher

Rowohlt

rororo science
Lektorat Jens Petersen

Für Amos Tversky und Daniel Kahneman

Deutsche Erstausgabe
Veröffentlicht im Rowohlt Taschenbuch Verlag GmbH,
Reinbek bei Hamburg, April 1997
Die Originalausgabe erschien 1993 unter dem Titel
«L'illusione di sapere» im Verlag Arnoldo Mondadori
Editore SpA, Mailand
Copyright © 1993 by Arnoldo Mondadori Editore SpA, Mailand
Umschlaggestaltung Barbara Hanke
Alle deutschen Rechte vorbehalten
Satz Sabon (Linotronic 500)
Gesamtherstellung Clausen & Bosse, Leck
Printed in Germany
1490-ISBN 3 499 60136 2

Inhalt

7 Vorwort
10 Einführung

20 Kognitive Täuschungen
32 Unsere spontanen Intuitionen: gut oder schlecht?
44 Kleine mentale Höhlenkunde
47 Der falsche Umgang mit Wahrscheinlichkeiten
50 Die Tunnel in unserem Kopf
95 Wie man das Unbekannte aufgrund des Bekannten errechnet oder Die Bayessche Formel
100 Der Trugschluß der Fast-Gewißheit
104 Die sieben Hauptsünden
124 Wie umgehen wir den Tunnel des Pessimismus?
130 Das Identitätsprinzip und die Psychologie der Ähnlichkeit
139 Vernünftig-optimistische Schlußfolgerung
141 Großes Finale: ein Supertunnel

Anhang
148 Zur Entdeckung der Tunnel
158 Auswege aus den Tunneln
166 Dank
170 Literatur
178 Register

Vorwort

«Worum geht es eigentlich in deinem neuen Buch?» fragten mich neugierig meine Freunde, als ich am Manuskript für diesen Band arbeitete. «Um mentale Tunnel, um die Tunnel in unseren Köpfen», lautete meine vielleicht nicht sehr aufschlußreiche Antwort. «Hm, klingt interessant, aber was zum Teufel sind das für Tunnel? Nenn doch mal ein Beispiel.» Nach einigem Überlegen fiel mir schließlich ein recht gutes ein:

Ziehen wir im Geist von Marseille aus eine waagrechte, also dem Breitenkreis folgende Linie nach rechts. Auf welche bedeutende italienische Stadt stoßen wir (ungefähr)? «Na, was meinst du?» fragte ich. Wenn meine Leser genauso reagieren wie damals meine Freunde, dann wette ich, daß die Antwort «Genua» lautet.

Nun denken wir uns eine vom südlichsten Zipfel des italienischen «Stiefels» senkrecht nach oben gehende, dem Längengrad folgende Linie. Zu welcher europäischen Hauptstadt gelangen wir? Ich bin sicher, die Antwort heißt: «Wien oder vielleicht Brüssel.»

Letzte kleine Frage: Wir steigen mit dem Hubschrauber in Neapel senkrecht auf und wollen nach Triest fliegen. Welchem Kurs müssen wir in etwa folgen? Die meisten werden antworten: «Zehn bis zwanzig Grad östlich.»

Soweit mein Beispiel.

«Schön und gut, und wo sind nun deine mentalen Tunnel?» Wenn der Leser genauso perplex reagiert wie viele meiner Freunde, dann ist das schon ein guter Anfang. Bleiben wir noch einen Augenblick bei diesen geographischen Intuitionen. Fragen wir ruhig noch diesen und jenen, um festzustellen, wie verbreitet und wie hartnäckig sie sind.

Dann nehmen wir eine Europakarte zur Hand – die wir schon so und so oft vor uns liegen hatten – und sehen nach, wo die genannten Orte wirklich liegen. Nun? Marseille liegt auf dem gleichen Breitengrad wie ... Siena! Und wenn man vom «Stiefelabsatz» aus dem Längengrad nach Norden folgt, kommt man nach ... Budapest, und Triest liegt westlich von Neapel. Tja, der italienische «Stiefel» liegt eben ziemlich schräg.

Komisch, nicht? Wie können wir uns so täuschen? Sind wir nicht imstande, eine Landkarte richtig zu lesen? Oder haben wir ein so schlechtes Gedächtnis? Nein, daran liegt es nicht. Nur drehen wir sonderbarerweise, ohne es zu merken, Italien im Geist ein ganzes Stück im Uhrzeigersinn, bis der Stiefel beinahe in Nord-Süd-Richtung zu liegen kommt. Die unbedachten, aber überzeugten Antworten auf meine kleinen Fragen beruhen alle auf dieser unbewußten mentalen Drehung. Keiner hat uns je gesagt, daß wir das tun sollen, auch in der Schule wurde es uns nicht beigebracht. Es ist etwas, das wir nie «gelernt» haben, in keinem Sinne des Begriffs «Lernen». Und da wir uns die Europakarte eigentlich ziemlich oft anschauen, hätten wir längst erkennen müssen, wo diese bekannten Städte tatsächlich liegen, und unseren Irrtum korrigieren können. Und doch spielt uns unser Kopf immer wieder diesen kleinen Streich. Uns allen, und *immer auf die gleiche Weise*. Niemand, wirklich niemand, dreht den Stiefel im Geist in die andere Richtung, also noch weiter in die Waagrechte.

Wir Italiener sind indes keineswegs die einzigen mit derart falschen geographischen Vorstellungen. Aufgrund eines ähnlichen mentalen Vorgangs denken zum Beispiel alle Amerikaner, daß Reno (Nevada) östlich von Los Angeles liegt (während es sich in Wirklichkeit westlich davon befindet) und daß Rom südlicher als New York liegt (es liegt aber nördlicher, New York liegt fast auf gleicher Höhe wie Neapel). Ebensowenig ist einem Amerikaner klar, daß er bei einem Flug von Detroit aus nach Süden als erstes Land Kanada überfliegt (ein kleiner Zipfel von Kanada liegt nämlich unterhalb von Detroit). Und so weiter und so weiter.

Dies ist das einfachste und einleuchtendste Beispiel für das, was ich als «mentalen Tunnel» bezeichne. Sie werden in diesem Buch jede Menge Tunnel aus den unterschiedlichsten Bereichen kennenlernen.

An dieser Stelle kommt uns, so hoffe ich zumindest, schon der leise Verdacht, daß in unserem Kopf *systematisch* irgend etwas falsch läuft, ohne daß es uns bewußt wird. Warum benutze ich dafür die etwas düster und beunruhigend klingende Bezeichnung «Tunnel»? Die obigen geographischen Denkfehler finden wir allenfalls komisch, sie machen uns vielleicht neugierig, aber sie *beunruhigen* uns nicht weiter. Und doch will ich in diesem Buch gerade zeigen, daß sie *höchst* beunruhigend sind! Natürlich nicht dieser kleinen geographischen Irrtümer wegen, sondern weil wir alle auch, wenn es um wichtige *Entscheidungen* geht, solchen groben, makroskopischen kognitiven Täuschungen erliegen. Wie wir noch sehen werden, kommt es auch in Verwaltungsräten, bei Gericht und in Kliniken, aber auch zu Hause, in der Familie, immer wieder zu solchen gravierenden Irrtümern. Wir denken uns nichts Böses dabei, wir merken es ja nicht einmal. Ob Staatsmann, General, Chirurg, Wirtschaftsfachmann, Installateur oder Lebensmittelhändler, jeder, ohne Ausnahme, erliegt, ohne es zu wissen und selbst wenn er in bester Verfassung ist, einer Unzahl solcher Denkfehler, und zwar auch und gerade auf dem eigenen Fachgebiet. Der korrekte moderne Fachausdruck dafür lautet «kognitive» Täuschungen, und das bedeutet, daß sie (wie ich noch genauer erklären werde) auch vorkommen, wenn alle emotiven oder sonstigen klassischen irrationalen Verzerrungen ausgeschaltet sind. Auf den folgenden Seiten werde ich dies ausführlich erläutern und zugleich Ratschläge geben, wie sich solche oft verhängnisvollen Denkfehler vermeiden lassen.

Einführung

Dieses Buch soll in einfacher und verständlicher Form die wissenschaftliche Entdeckung *eines* Unbewußten bekannt machen – nicht des von der Psychoanalyse bereits erforschten Unbewußten des Seelenlebens, sondern eines Unbewußten, das sich auf den «kognitiven» Bereich auswirkt, also auf unser Denken, unsere Urteile, auf die Entscheidungen zwischen verschiedenen Möglichkeiten und unsere – scheinbar – wohlbegründeten Überlegungen, was wahrscheinlich und was unwahrscheinlich ist. Die Psychoanalyse schöpft ihr Material hauptsächlich aus der Analyse der Träume, des Verdrängten, der berüchtigten «Komplexe», der Versprecher, der Somatisierungen, der «Wunschprojektionen» und gewisser Widersprüche im Gefühlsleben. Kognitionswissenschaftler dagegen suchen vor allem in Wirtschaftstexten, Aktienbörsen, Spielsälen, Versicherungsverträgen, Verwaltungsräten, medizinischen Untersuchungen, in den Mechanismen der Meinungsmanipulation, den Schwankungen im Wählerverhalten und überall dort, wo Entscheidungen in «ungewissen Situationen» getroffen werden – also beinahe jederzeit und überall.

Auch hier handelt es sich, genau wie bei Freud, um ein individuelles, nicht um ein kollektives Unbewußtes, also um psychische Mechanismen, die unbewußt im Individuum wirken, aber für die Gemeinschaft erhebliche unerwünschte, ja katastrophale Folgen haben können. Dieses kognitive Unbewußte ist ein Faktor, der bei aller Unterschiedlichkeit der Bildung, der Begabung und der Neigungen fortan nicht mehr unberücksichtigt bleiben darf, wenn es um das ziemlich ungeordnete Inventar der menschlichen Natur geht. Es ist so gut wie sicher, daß die Fehlurteile, die kognitiven «Knoten» und «Tunnel», aus denen es besteht, ein Erbteil aus der Evolution unserer Spezies sind. In ferner Urzeit scheinen sie für uns nützlich gewesen zu sein. Vielleicht schützten sie unsere Vorfahren vor wilden Tieren und Hungersnöten. Doch selbst wenn ein so naiver Darwinismus wirklich eine Erklärung sein könnte, heute sind sie nur von Nachteil, und wir sollten als Individuen wie als Kollektiv lernen, uns gegen die Auswirkungen dieses kognitiven Unbewußten zu schützen.

Wie meistens bei so wichtigen Entdeckungen werden wir die verräterischen Zeichen dieser mentalen Mechanismen überall um uns herum und in uns selbst erkennen, sobald wir einmal darauf aufmerksam geworden sind – genauso wie es einst mit den Entdeckungen Sigmund Freuds geschah, nachdem sie ins allgemeine Bewußtsein gedrungen waren. Das vorliegende Buch fordert also in gewissem Sinne auch zu einer neuen mentalen Revision auf und versucht, die Mittel dazu an die Hand zu geben.

Der Gedanke, immer umfassendere Bereiche von der Vernunft regieren zu lassen und von der Tyrannei einer falsch verstandenen instinktiven «Spontaneität» zu befreien, ist nicht neu und doch immer noch hochaktuell. Auch auf diesem Gebiet müssen wir allerdings bereit sein, psychische Widerstände zu erkennen und zu überwinden. Wie ich von Psychoanalytikern weiß, sind die «Widerstände» im Bereich des emotiven Unbewußten heute längst nicht mehr so groß wie in den sittenstrengen und sexualfeindlichen Zeiten Freuds. Die Widerstände von heute bestehen eher in «wilden», oberflächlichen, scheinbar schonungslosen Selbstanalysen. Jeder meint, schon ganz genau «verstanden» zu haben, was in ihm vorgeht.

Was im Bereich des kognitiven Unbewußten den Fortschritt der Vernunft behindert, ist vor allem die mangelnde Einsicht in die Tatsache, daß unsere intuitiven Strategien, unsere Argumentationen falsch sein können – wir suchen beharrlich zu beweisen, daß sie doch «gar nicht so abwegig sind» –, und ich bin mir ziemlich sicher, daß auch Sie, wenn Sie sich bei einem der Aufgabenbeispiele in diesem Buch bei einem Fehler «ertappen», erst einmal schnell ein Gegenbeispiel suchen werden, einen Fall, der zwar *anders* ist als der, an dem Ihr Denken gerade gescheitert ist, den Sie aber mit Ihrer «wilden» Intuition doch *ungefähr* richtig lösen könnten. Haben wir erst einmal so einen vagen Ausgangspunkt gefunden – und sei er noch so irrelevant –, fällt es unserem kognitiven Unbewußten nicht mehr schwer, daraus einen «Beweis» abzuleiten.

Freuds lapidare Behauptung lautete, an die Stelle des Unbewußten werde eines Tages das Ich treten: «Wo Es war, soll Ich werden.» Er meinte damit, daß durch die «Nutzbarmachung» der Rationalität auf lange Sicht die Hindernisse und Fallstricke beseitigt werden *müssen*, die wir in uns haben, ohne daß sie uns *spontan* bewußt sind. Mit anderen Methoden, unter anderen Voraussetzungen und mit anderem Material möchte ich in diesem Buch etwas ganz Ähnliches erreichen.

Das Problem der Rationalität ist uralt, aber jedes Zeitalter geht anders damit um. Aristoteles versuchte die inneren Gesetze der Vernunft zu entdecken, sie transparent, explizit übertragbar und sogar lehrbar zu machen. In der Aufklärung wollte man beweisen, daß die Vernunft notwendig und *hinreichend* sei, um die menschlichen Aktivitäten zu regeln. Die Romantiker und Relativisten (von gestern und heute) bemühten sich, die Grenzen der Vernunft aufzuzeigen, und glaubten sich außerhalb derselben stellen zu können. Die modernen Rationalisten seit Kant versuchten dagegen, die Grenzen der Vernunft von innen heraus zu erforschen, und behaupteten mit guten Gründen, daß es weder möglich noch denkbar sei, aus der Vernunft hinauszutreten, um sie wie einen fernen Planeten zu beobachten.

Noch immer wird die Frage diskutiert, ob Rationalität naturgegeben, artspezifisch ist oder ob sie eher ein Ziel darstellt, das sich nur mit Mühe erreichen läßt. Das Problem ist nicht neu, aber seit etwa fünfzehn Jahren, seitdem systematisch und unvoreingenommen erforscht wird, welchem Denkweg wir in bestimmten Modellfällen tatsächlich folgen, zeichnen sich neue, bislang nicht vorstellbare Lösungen ab. Eine Revolution der Rationalitätstheorien ist in vollem Gang, auch wenn außer einigen hundert Wissenschaftlern in verschiedenen Ländern kaum jemand davon weiß.

An die Stelle der «reinen» Philosophie ist also teilweise die experimentelle Wissenschaft getreten. Die von ihr konstruierten Fälle sind konkret genug, um reproduzierbar, signifikant und überprüfbar zu sein, und zugleich so allgemein, daß sie bestimmte *grundlegende* Denkmechanismen offenbaren, deren wir uns im täglichen Leben bedienen. Als besonders interessant haben sich dabei Aufgaben erwiesen, die nach abstrakten, von Psychologen, Logikern, Wirtschaftswissenschaftlern und Entscheidungstheoretikern exakt ermittelten Regeln gelöst werden *müßten*, während die meisten von uns sie nach «Daumenregeln» ganz anders lösen. Wir wenden solche kleinen Regeln, die von den «goldenen» Regeln der Rationalität nicht nur abweichen, sondern damit völlig unvereinbar sind, spontan und intuitiv an und wählen damit den leichteren, kürzeren (und falschen) Weg, von dem wir uns nicht mehr abbringen lassen. Es ist zwar im Grunde nichts Schlechtes, Abkürzungen zu nehmen, doch sind sie in unserem Fall trügerisch und unkorrigierbar und führen uns in die Irre, weg vom eigentlichen Ziel. Und was das Schlimmste ist: Wir merken gar nicht, daß wir ganz «woanders» angekommen sind. Wir glauben wirklich, das Ziel erreicht, das uns gestellte Problem gelöst zu haben. Wir sind fest überzeugt, rational gedacht zu haben, während wir in Wahrheit nur unserem Instinkt gefolgt sind. Wir beharren auf unseren vermeintlich richtigen Intuitionen und Schlüssen und sind nicht bereit, uns «eines Besseren belehren» zu lassen.

Wer solche Abkürzungen (die im Fachjargon «Heuristiken» heißen) oder «mentale Tunnel» (englisch: *biases*) wählt, hat keineswegs das Gefühl, eher ratlos vor einem Problem zu stehen. Er spielt auch nicht im Geist verschiedene Lösungsmöglichkeiten durch und entscheidet sich dann, da er nicht weiß, welches die beste ist, auf gut Glück für irgendeine. Wie wir noch sehen werden, glaubt er vielmehr, die Antwort genau zu kennen. Er denkt keinen Augenblick darüber nach, ob diese mentale «Abkürzung», auf der seine Antwort basiert, falsch sein könnte. Wie hartnäckig wir oft auf unseren Denkfehlern beharren, werden wir anhand des Dreischachtelproblems am Ende des Buches sehen, das uns in einen «Supertunnel» führt. Aber es gibt auch andere, ganz einfache Fälle, in denen wir nicht einmal ahnen, daß unsere Entscheidung und unser Urteil irrational sind. Unsere Antwort erscheint uns so «selbstverständlich» und so «natürlich» und «richtig», und noch dazu wissen wir, daß *die meisten Menschen genauso antworten würden wie wir*.

Vor etwa zwanzig Jahren führte ein Meinungsforschungsinstitut in Frankreich eine Umfrage durch, bei der eine repräsentative Bevölkerungsgruppe gefragt wurde, welche *subjektiven* Faktoren zum Glück beitragen. Die Wochenzeitschrift *Le Nouvel Observateur*, die eine hohe Auflage hat, faßte die Ergebnisse zusammen. Außer der intelligenten und ungewöhnlichen Art, in der die Umfrage durchgeführt worden war, erstaunte mich beim Lesen auch sonst noch so manches – zum Beispiel, daß der Faktor «Geld» in der Rangliste ziemlich weit unten rangierte. Die meisten Befragten nannten als wichtigsten Glücksfaktor ziemlich vage «einen anderen Menschen». Gleich dahinter folgte auf der Skala der Glücksfaktoren die «Selbstverwirklichung». Erst an allerletzter Stelle wurde «Gesundheit» angegeben. Der Fragebogen enthielt auch eine Reihe von Fragen über die Faktoren, die *Un*glücklichsein verursachen. Und nun kommt das, was mich am meisten verblüffte: das *Fehlen* eines Glücksfaktors (*nicht* gesund sein) wurde bei den Gründen zum Unglücklichsein an *erster* Stelle genannt. Sollte dies, wie ich erwarte, den meisten Lesern ganz normal vorkommen, dann haben wir schon einen guten Ausgangspunkt, um ein erstes archäologisches Fundstück aus unserem kognitiven Unbewußten ans Licht zu befördern.

Der *Nouvel Observateur* gab auch gleich die «naheliegende» Erklärung: Gesundheit wird *vorausgesetzt*, wenn es ums Glücklichsein geht. Sollen wir dagegen mögliche Gründe zum Unglücklichsein in der Reihenfolge ihrer Wichtigkeit aufzählen, dann steht mangelnde Gesundheit «natürlich» ganz zuoberst. Logisch, oder?

Wie gesagt, ich habe damit gerechnet, daß Sie dies ganz selbstverständlich finden. Was soll daran so bemerkenswert sein? Nun, das Interessante daran ist, daß wir es hier mit einem absolut irrationalen mentalen Prozeß zu tun haben, der in der Fachsprache «Präferenzinversion» genannt wird. Unser Urteil ist zwar «natürlich», aber deshalb noch lange nicht «richtig».

Stellen wir uns doch einmal folgenden Fall vor: Herr Rossi sagt, er mag Erdbeeren lieber als Eis und Eis lieber als Tiramisu. Dann erklärt er ganz entschieden, daß ihm Tiramisu besser schmeckt als Erdbeeren. Wir sind uns wohl alle einig, daß Herrn Rossis Dessertvorlieben etwas verquer sind.

Die Entscheidungstheorie führt in solchen Fällen den berüchtigten «holländischen Buchmacher» (*Dutch bookie*) an. Wenn dieser Buchmacher, der nicht nur in Holland, sondern überall zu Hause ist und alle Arten von Wetten, nicht nur für Pferderennen, annimmt, Herrn Rossis absonderliche und irrationale Äußerungen hört, wittert er ein gutes Geschäft. Er kann zwar gar nicht kochen, bietet aber trotzdem an, Herrn Rossi zu einem von diesem selbst bestimmten Preis eines der drei genannten Desserts zu liefern. Nehmen wir an, Erdbeeren. Sobald sich die beiden ein wenig einig geworden sind, bietet der Buchmacher Herrn Rossi für einen Aufpreis von nur fünfzig Pfennig den Nachtisch an, den dieser dem soeben vereinbarten vorzuziehen behauptet. In unserem Fall Tiramisu. Sollte Herrn Rossi der Aufpreis zu hoch sein, geht der Buchmacher auf fünf oder auch auf nur einen Pfennig runter. Einen Pfennig wird ihm sein Lieblingsdessert doch wohl wert sein! Da Herrn Rossis irrationale Vorlieben einen geschlos-

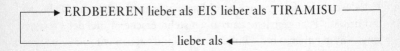

senen Kreis bilden (man kommt über die Erdbeeren zum Eis zurück und dann wieder zu Tiramisu und so weiter), läßt sich der Vorgang unendlich fortsetzen. Selbst wenn der Buchmacher jeweils nur einen Pfennig verlangt, füllt sich sein Geldbeutel.

Was lernen wir daraus? Aufgrund seiner Präferenzinversion ist Herr Rossi für den Buchmacher zum Gratis-Geldautomaten (oder, wie es im Fachjargon heißt, zur Geldpumpe) geworden. Entscheidungstheorie und Wahrscheinlichkeitsrechnung zeigen ganz klar, was wir dank Herrn Rossi schon ahnen: Eine Präferenzskala, die auch nur eine einzige «Inversion» zuläßt, bringt es *logischerweise* mit sich, daß wir für jemanden, der dies wie der schlaue holländische Buchmacher auszunutzen weiß, zum Gratis-Geldautomaten werden können –

noch dazu mit unserer Einwilligung, denn unsere Präferenzskala enthält nun mal die Inversion. (Für Puristen, und nur für solche, können wir hier den äquivalenten Begriff «Intransitivität der Präferenzen» verwenden.)

Die Geschichte mit den drei Desserts ist so simpel, daß wir sofort erkennen, was daran seltsam ist. Der Fall der Meinungsumfrage über das Glück dagegen erscheint uns (wie wir soeben gesehen haben) völlig «normal». Dabei sind sich die beiden Fälle verdammt ähnlich, genauso wie ihre *logischen* Folgen. Der holländische Buchmacher nimmt in diesem Fall vielleicht mephistophelische Züge an und verkleidet sich als Versicherungsagent, um uns mit harmloser Miene eine ganz besondere Versicherungspolice anzubieten. Zum einmaligen Betrag von hundert Mark garantiert er uns lebenslänglich gute Gesundheit. Wer könnte da nein sagen! Der Versicherungsagent kassiert unsere hundert Mark und weiß, daß wir uns nun hinsichtlich unserer Gesundheit in Sicherheit wiegen. Dabei hat er aber unsere Antworten auf dem Fragebogen über das Glück im Kopf und macht uns das Angebot, die Police gegen eine andere einzutauschen, die uns je nach Wahl Selbstverwirklichung oder die grenzenlose Liebe einer anderen Person zusichert. Ein weiterer Hunderter wird fällig. Auch hier können wir nicht ablehnen. Da beides auf unserer Präferenzliste ganz oben steht, erscheint uns der Preis gering. Kaum haben wir die Police in der Hand, stellen wir mit Schrecken fest, daß uns jetzt unsere Gesundheit nicht mehr garantiert ist. Der ausgebuffte Versicherungsvertreter zeigt sich bereit, die soeben verkaufte Police wieder gegen die alte einzutauschen, mit der wir erneut die Gewißheit haben, gesund zu bleiben. Allerdings müssen wir dafür den nächsten Hunderter lockermachen. Aber das Geld ist ja «gut angelegt». Wir sind um dreihundert Mark ärmer und *bereit, den Kreislauf von vorn zu beginnen*. Und immer so weiter.

Wer hat behauptet, das Ergebnis der französischen Meinungsumfrage sei ganz normal, naheliegend und erklärlich?

Versuchen Sie doch, eine überzeugende und *rationale* Methode zu finden, mit der sich *gleichzeitig* beweisen läßt, daß die Antworten bei der Meinungsumfrage «richtig und natürlich» sind *und* daß dem zur Geldpumpe gewordenen Kunden bei *irgendeinem* Entscheidungsschritt vernünftigerweise vom Kauf der mephistophelischen Versicherungspolicen abzuraten ist. Sie werden keine finden! Entweder setzt man die Gesundheit in beiden Skalen an die Spitze, oder es gibt keinen *rationalen* Grund, die teuflisch verlockenden Angebote des Buchmachers auszuschlagen. Womit bewiesen wäre, daß die Antworten bei der besagten Meinungsumfrage zwar «natürlich», aber nicht «richtig», sondern alles andere als rational sind. Wenn man Gesundheit als selbstverständlich voraussetzt, sodann aufzählt, was einen glücklich macht und den als selbstverständlich «vorausgesetzten» Faktor an letzter Stelle (oder jedenfalls hinter anderen) nennt, hat das mit Vernunft nichts mehr zu tun. Wie irrational die unbedachte, spontane Einstellung der Gesunden zur «rein theoretischen» Möglichkeit des Krankseins ist, weiß am besten, wer sich lange Zeit guter Gesundheit erfreut hat und dann zu seinem Unglück krank geworden ist.

Ein Sprichwort sagt, daß wir die erste Hälfte unseres Lebens damit verbringen, unsere Gesundheit zu ruinieren, und die zweite, uns zu kurieren. Wenn wir Gesundheit als selbstverständlich betrachten und im Leben tausend andere Dinge zu erreichen suchen, oft auf Kosten der Gesundheit, werden wir es bitter bereuen, sobald sich die ersten Anzeichen einer ernsten Krankheit bemerkbar machen. Theoretisch wissen wir das alle, aber wir «denken nicht daran». Damit verhalten wir uns zutiefst irrational, was die Meinungsumfrage in Frankreich schwarz auf weiß bewiesen hat.

Mit Hilfe der Betrachtungen über Rossi und den mephistophelischen Buchmacher haben wir nun schon eine Art des irrationalen Denkens diagnostiziert, in die wir alle verfallen. Wir haben eine innere Präferenzskala, bei der etwas *nicht stimmt*, auch wenn man ihr dies nicht auf Anhieb ansieht. Wir müssen uns anhand realer Daten (wie die der Meinungsumfrage) *und* geschickt konstruierter hypothetischer Fälle damit auseinandersetzen, um zu rationalerem Denken zu gelangen.

Vielleicht finden Sie es abstrus und langweilig, von Präferenzinversion, Entscheidungstransitivität und holländischen Buchmachern zu lesen, die uns mit unserer Zustimmung zu Geldpumpen machen. Es lohnt sich, diese Abneigung zu überwinden, denn solche irrationalen Denkweisen haben Auswirkungen auf wichtige Bereiche unseres Lebens. Auf den folgenden Seiten werde ich anhand von verschiedenen Situationen weitere mentale «Verformungen» darstellen, die uns allen ganz natürlich erscheinen.

Ich habe meine kleine Sammlung mit dem Fall der drei Desserts eröffnet und dabei zwar die normale Reihenfolge eines Menüs verdreht, nicht aber die Logik der Entdeckung unseres kognitiven Unbewußten. Das ganz reale Beispiel der Meinungsumfrage und der hypothetische Fall des armen Herrn Rossi schienen mir ein guter Ausgangspunkt zu sein. Vielleicht finden wir inzwischen die Geschichte mit dem teuflischen Buchmacher gar nicht mehr so komisch, denn wir haben ja gerade gesehen, daß wir uns in viel ernsteren Umständen als der Wahl eines Desserts genauso verhalten wie Herr Rossi.

Widersprüchliche individuelle und kollektive Präferenzen sind leider weit verbreitet und können schlimme soziale, wirtschaftliche und politische Folgen haben. Auch wenn es irgendwann keine Unehrlichkeit, keinen hemmungslosen Egoismus, keine Lügen mehr geben sollte, würden wir doch immer noch unter den Auswirkungen solcher mentalen Tunnel leiden. Es handelt sich dabei, wie wir sehen werden, um Fehler, bei denen wir uns nichts Böses denken und die sich nur vermeiden lassen, wenn man sich die ihnen zugrunde liegenden Denkvorgänge bewußtmacht. Die kognitiven Täuschungen, mit denen wir uns im folgenden befassen wollen, sind unabhängig von Motivationen und emotionalen Faktoren.

Spontan sind sie schwer korrigierbar, aber wer bereit ist, in Ruhe darüber nachzudenken, kann sie sich mit Hilfe von konkreten Beispielen bewußtmachen und sie dann auch korrigieren. Es gibt viele solcher irrationalen Denkweisen, und sie sind tückisch und sehr *spezifisch* – in den folgenden Kapiteln werde ich die wichtigsten nennen und erläutern.

Wenn Ihnen die Ergebnisse der Meinungsumfrage über das Glück immer noch ganz normal erscheinen, wenn Ihnen mein Argument mit der Versicherungspolice des mephistophelischen Buchmachers auf ziemlich schwachen Füßen zu stehen scheint, wenn Sie es «logisch» finden, daß wir Gesundheit als selbstverständlich voraussetzen, wenn wir an das Glück denken, ihr Fehlen aber als wichtigsten Grund für das Unglücklichsein nennen, dann stehen Sie ganz eindeutig unter dem Einfluß dieses anderen Unbewußten, und es ist auch ganz klar, welche Art von Widerstand Sie seiner Entdeckung entgegensetzen. Es ist nun an der Zeit, den Vorhang zu öffnen.

Kognitive Täuschungen

Die Stadt Saint Louis im Staat Missouri darf die kolossalste optische Täuschung ihr eigen nennen, die je von Menschenhand erschaffen wurde. Der Bogen aus glänzendem Metall, der sich über dem Einkaufszentrum erhebt (Bild 1), ist nämlich, so unglaublich es klingt, exakt so breit wie hoch. Messen Sie nach! Das bemerkenswerte an dieser optischen Täuschung ist ihre *Beharrlichkeit*. Auch nachdem wir die Maße mit dem Lineal überprüft haben, erscheint uns die Höhe des Bogens größer als seine Breite. Das ist für optische Täuschungen typisch: **Das Auge sieht, was es sieht, auch wenn wir wissen, was wir wissen.** Mit diesem Buch will ich zeigen, daß es ganz ähnliche Phänomene auch im Bereich des Denkens gibt. Bei vielen Arten von Problemen, die von der Kognitionswissenschaft vor allem in den letzten fünfzehn Jahren gründlich untersucht wurden, sind bestimmte «Winkel» unseres Geistes – ohne daß wir es wissen – unfähig, in einem anderen Winkel sehr wohl vorhandene Kenntnisse zu benutzen. Genau wie das Auge sind auch gewisse Denkmuster unzugänglich für Korrekturen, wie sie uns die Logik, die Arithmetik, das rationale Denken und vor allem die Wahrscheinlichkeitsrechnung nahelegen, und so erliegen wir immer wieder den verschiedensten «kognitiven Täuschungen» oder falschen Denkweisen. Wir machen diese Fehler, ohne es zu merken und ohne uns etwas Böses dabei zu denken, und oft versteifen wir uns auf sie und verteidigen sie mit Vehemenz. Wir machen unsere Vernunft zur «Magd» unserer Täuschungen. Kognitive Täuschungen sind, wie die auf diesem Gebiet bahnbrechenden amerikanischen Psychologen Amos Tversky und Daniel Kahneman gesagt haben, «weder rational noch eine Laune». Wenn der Bogen von Saint Louis für unsere Augen höher ist als breit, obwohl wir genau wissen, daß es nicht stimmt, dann ist dies alles andere als rational. Trotzdem sieht ihn niemand, wirklich niemand, breiter als hoch. Die Täuschung ist also nicht rational, aber auch keine Laune. Sie «zieht» alle immer in die gleiche Richtung und treibt alle in den gleichen «Wahrnehmungstunnel».

Bild 1

Genau das gleiche geschieht bei kognitiven Täuschungen. Bei bestimmten Denkprozessen rennen wir mit gesenktem Kopf in den Tunnel, ohne es zu merken. Auch wenn dieses Phänomen erst vor kurzem entdeckt wurde, ist es so alt wie unsere Spezies, denn solche falschen Denkweisen gehören zur normalen «Ausstattung» der menschlichen Natur.

Zunächst sind zwei wichtige Begriffe zu erklären: «Heuristik» und «mentaler Tunnel» (eine freie Übersetzung des englischen *bias*). Das schwierig und einschüchternd klingende Wort Heuristik kommt vom altgriechischen *heuriskein* = finden. Heuristiken sind, grob gesagt, mentale Kniffe zum Auffinden von Lösungen für bestimmte Probleme. Grob gesagt, ist eine Heuristik etwas, das wir anwenden, während ein *bias*, ein mentaler Tunnel, etwas ist, das wir in uns haben. Die kognitionswissenschaftliche Revolution hat uns jedoch gelehrt, diese traditionellen Begriffe von Grund auf in Frage zu stellen. Im Fall des Bogens von Saint Louis besteht die Heuristik, die wir anwenden – das, was unser Auge «tut» –, darin, daß wir die für einen Bogen typische, leicht aufragende und sich nach oben verjüngende Form *automatisch* höher machen. Was unser Auge tut, ist also zugleich etwas, das mit uns «geschieht». Die folgenden Beispiele verdeutlichen, wieviel auch im Bereich der Intuitionen und gefühlsmäßigen Urteile «mit uns geschieht».

Wenn wir uns bei der Lösung eines bestimmten Problems blind und ohne es zu merken in einem mentalen Tunnel verrennen, dann geschieht etwas mit uns. Eine Heuristik ist der starke und präzise innere Anstoß, der uns in den Tunnel «hineintreibt». Diese Metaphern sind natürlich mit Vorsicht zu genießen, aber gut geeignet, in unser Thema einzuführen. Weniger bildhaft ausgedrückt ist eine Heuristik eine einfache Daumenregel zur Lösung einer bestimmten Art von Problemen. Heuristiken können explizit oder implizit, bewußt oder unbewußt sein. Aufgrund von einfachen Wahrnehmungsheuristiken halten wir zum Beispiel Dinge, die uns verkleinert erscheinen, für weiter entfernt, Dinge, die wir deutlich sehen, für nahe, und Dinge, die uns dicht und kompakt erscheinen, für schwer. Auf einer schon viel spezialisierteren Wahrnehmungsheuristik beruht die optische Täuschung im Fall des Bogens von Saint Louis oder die berühmte Müller-Lyersche Täuschung (Bild 2), bei der uns die in Wirklichkeit gleich langen Strecken unterschiedlich erscheinen. Noch subtiler ist die Heuristik, die darin besteht, daß wir ein Gesicht immer für «voll», nach außen gewölbt und von oben beleuchtet halten, auch wenn es sich in Wirklichkeit um eine von unten beleuchtete, in eine Platte geschnittene Maske handelt (auf diesen Effekt komme ich später noch einmal zurück).

Auch einige unserer Heuristiken, die mehr mit dem Denken zu tun haben, sind leicht erkennbar. Wir sehen zum Beispiel einer mehrstelligen Zahl sofort an, ob sie gerade oder ungerade ist, und wir «sehen» auch, daß eine nur drei- oder vierstellige Telefonnummer zu einem öffentlichen Amt gehört. Dies sind Beispiele für kognitive Heuristiken, die noch sehr naheliegend sind, dicht an der Schwelle zum Bewußtsein. Wir wenden sie täglich an, ohne darauf zu achten. Wenn

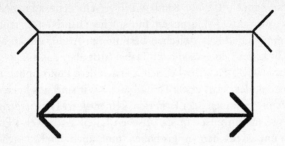

Bild 2

wir jedoch einen Augenblick darüber nachdenken, erkennen wir sofort, wie diese mentalen «Tricks» funktionieren.

Andere kognitive Heuristiken, die wir alle spontan anwenden, lassen sich dagegen, selbst wenn wir darauf aufmerksam gemacht werden, nur schwer erkennen und durchschauen.

Ein Biologe versichert Ihnen, daß Pflanzen, Insekten und Menschen ein inneres Organ namens Golgi besitzen. Für wie wahrscheinlich halten Sie es, daß auch ein Kaninchen dieses Organ besitzt? Wir alle glauben so gut wie sicher behaupten zu können, daß auch das Kaninchen einen Golgischen Apparat besitzt. Derselbe Biologe sagt Ihnen, daß Biotin in den Eiern von Enten und Gänsen vorkommt. Für wie wahrscheinlich halten wir, daß es auch im Schwanenei steckt? Auch in diesem Fall sind wir uns ziemlich sicher. Sogar ein Fünfjähriger würde so antworten wie wir. Dabei wissen wir nichts oder sehr wenig über das Golgi (dieses halbimaginäre Organ, das die Kognitionswissenschaftler den Biologen geklaut haben) und kaum mehr über Biotin (ein reales Vitamin, das von den Kognitionswissenschaftlern für diesen Test der «spontanen Induktion» benutzt wird). Um schließen zu können, daß auch das Kaninchen ein Golgi (was auch immer das sein mag) haben *muß*, wenn Pflanzen, Insekten und der Mensch es besitzen, brauchen wir auch nicht mehr darüber zu wissen. Und wenn Biotin in Enten- und Gänseeiern vorkommt, dann können wir daraus schließen, daß es *mit großer Wahrscheinlichkeit* im Schwanenei ebenfalls enthalten ist.

Können wir erklären, wie wir zu diesem Schluß kommen? Ein Erwachsener (aber auch ein Kind) wird verschiedene allgemeine und ziemlich abstrakte Erklärungen für solche intuitiven Urteile parat haben (die Ähnlichkeit zwischen bestimmten Arten, die stufenweise Entwicklung der Lebewesen etc.). Dabei trifft aber das zu, was ich als *Wittgensteinsches Paradox* bezeichne (nach dem Philosophen Ludwig Wittgenstein, der es als erster formulierte): Wir sind uns keines dieser allgemeinen Prinzipien oder Kriterien, keiner dieser Heuristiken, *sicherer*, als wir uns in unserem spezifischen Urteil sind. Wenn Pflanzen, Insekten und Menschen Golgis haben, muß auch das Kaninchen welche haben. Wir würden darauf mit größerer Sicherheit wetten als auf die Gültigkeit irgendeines abstrakten, für alle Lebewesen geltenden Prinzips.

Und hier das Paradox: Ein intuitives, in einer Situation der Ungewißheit ausgesprochenes Urteil kann logisch nicht durch ein allgemeines Prinzip *begründet* werden, dessen wir uns noch *weniger* gewiß sind. Wie also läßt sich die Aussage über das Golgi und über Biotin begründen? Sie läßt sich eben *nicht* begründen. Sie **ist richtig, aber nicht begründbar.** Wir sprechen solche Urteile spontan aus, würden sogar wetten, daß sie richtig sind, können sie aber nicht rational erklären. Weder Wissenschaftstheoretiker noch Psychologen könnten eine seriöse, also deduktive, von Grundprinzipien ausgehende und einem streng logischen Verfahren folgende Erklärung dafür liefern. Es gibt zwar für solche Fälle eine starke normative Theorie, nämlich die Bayessche Induktionsrechnung (wir kommen später auf sie zurück), doch spiegelt diese *nicht* unsere spontanen Theorien wider. Unser Urteil über das Golgi und das Biotin (um nur zwei von vielen Beispielen zu nennen) basiert auf einer Heuristik, nicht auf einem exakten Verfahren. Es ist, wie gesagt, ein richtiges Urteil, das ein Biologe empirisch (aber nicht logisch!) auf unterschiedlichste Art und Weise begründen könnte, das wir alle aber aussprechen, ohne die «Gründe» des Biologen zu kennen. Wir sind intuitiv, also auf heuristischem Weg, darauf gekommen.

Nun wissen wir allerdings, daß eine Heuristik auch in die Irre führen kann. Ein Kilo Federn wiegt soviel wie ein Kilo Blei, eine Miniatur ist klein und doch nahe, und wie jeder weiß, der schon einmal mit einem

Schiff gefahren ist, sieht man die Küste manchmal scharf und deutlich, auch wenn sie weit entfernt ist. Obwohl wir uns also darüber klar sind, daß unsere Intuition fehlbar ist, gibt es Situationen, in denen wir uns von unseren intuitiven Urteilen kaum abbringen lassen. Diese Fälle sind, wie ich an einigen Beispielen zeigen werde, besonders gefährlich. In allen Beispielen, die Sie bisher kennengelernt haben, und natürlich auch in vielen anderen Fällen wenden wir Heuristiken an. Trotz des schwierig klingenden Namens sind sie also eine ganz zentrale Komponente unseres Alltagsdenkens.

Nun zum Begriff *bias*, den ich hier ziemlich frei mit dem bildhaften Ausdruck «mentaler Tunnel» wiedergegeben habe. Eigentlich bedeutet das englische Wort Vorurteil, Voreingenommenheit, Neigung, Befangenheit in den eigenen Meinungen, ungewollte Ungerechtigkeit, kurzum, es steht für all jene «Scheuklappen», die uns, oft ohne daß wir es wissen, daran hindern, bestimmte Situationen richtig zu «sehen». Der Kürze und Klarheit halber werde ich ab und zu den englischen Ausdruck verwenden, der zu einem Fachbegriff der Kognitionswissenschaft geworden ist. Mit einem *bias* haben wir es zu tun, wenn uns in einem bestimmten Problembereich alle unsere spontanen Heuristiken immer in die gleiche Richtung «ziehen», wenn wir alle den gleichen Fehler machen. Unsere Denkweise führt uns, ohne daß wir es wollen, gleichsam in einen Tunnel. Ein Kilo Federn wiegt genausoviel wie ein Kilo Blei? Nehmen wir doch mal an, jemand wirft ein Kilo Federn und ein Kilo Blei aus dem Fenster im ersten Stock. Was möchten Sie lieber auf den Kopf kriegen? Genau darin besteht der *bias*: Der Begriff Gewicht verschmilzt in unserer Vorstellung mit dem von Härte, Festigkeit und Druck, wir assoziieren damit die Anstrengung, die es uns kostet, einen schweren Gegenstand hochzuheben, und den Schaden, den sein Aufprall anrichten kann. Psychologen haben diesen *bias* mit Hilfe von unterschiedlich großen Zylindern aus verschiedenen Materialien untersucht. Die Versuchspersonen sollten das jeweilige Gewicht schätzen. Auf diese Weise hat man herausgefunden, daß wir Gegenstände für schwerer halten, wenn wir mehr Muskelkraft brauchen, um sie hochzuheben oder zu verschieben (vielleicht mit nur einer Hand). Was die

Waage sagt, ist für uns seltsamerweise oft gar nicht maßgebend. Wir verbinden den Begriff «Gewicht» normalerweise mit dem Begriff der körperlichen Anstrengung, der Kompaktheit, der Härte und Dichte. Es kostet mehr Muskelkraft, ein Kilo Blei hochzuheben, das als Gegenstand klein ist und mit einer Hand gefaßt werden kann, als ein Kilo Federn, die viel mehr Masse haben und deshalb mit zwei Händen gehalten werden müssen. Und wenn wir an den Schaden beim Aufprall denken, ist der Unterschied wahrhaft drastisch. *In diesem Sinne* ist ein Kilo Blei schwerer als ein Kilo Federn. Wir «spüren» es, wenn wir es in die Hand nehmen.

Die Systeme, die unsere Muskulatur steuern und die Sinneseindrücke verarbeiten (die sogenannten Propriozeptoren), sind nicht so angelegt, daß wir «gefühlsmäßig» das Gewicht von einem Kilo Blei mit dem von einem Kilo Federn vergleichen können. Läßt man uns mit einer Hand zuerst ein Kilo Blei «wiegen» und dann einen Ballen Federn, dem so lange weitere Federn hinzugefügt werden, bis er ein Kilo schwer ist, verschätzen wir uns leicht um ein halbes Kilo oder mehr.

Schwer zu sagen, ob der *bias* dabei in unseren Muskeln steckt oder in unserem Kopf. Es handelt sich weder um eine rein kognitive noch um eine rein sensitive (genauer gesagt propriozeptive) Täuschung, denn es sind beide Bereiche beteiligt. Überhaupt wurden seit der «kognitionswissenschaftlichen Revolution» die traditionellen Abgrenzungen innerhalb der Psychologie teilweise aufgehoben oder neu gezogen. Im Bereich der Sprache bezieht man sich zum Beispiel oft auf Prozesse, Vorstellungen und abstrakte Regeln, die strenggenommen weder «akustisch» noch im eigentlichen Sinne «mental» sind, die also weder im Gehör noch im Denken, sondern in einem Grenzbereich dazwischen ablaufen. Auch auf anderen Gebieten der Kognitionswissenschaft, zum Beispiel auf dem des Sehens oder der Bewegungskontrolle, läßt sich die übliche Trennung zwischen Wahrnehmung und mentaler Verarbeitung heute nicht mehr aufrechterhalten. Worauf es ankommt, sind vielmehr spezifische Problemkonstellationen und ganz spezifische Konstellationen von Eingangsdaten, nicht die traditionelle Unterscheidung zwischen den «fünf Sinnen» oder zwischen Wahrnehmung und Denken oder zwischen «Gefühlsmäßigem» und «Vernunft».

Bias «mentales Budget» 27

Dies vorausgeschickt, wenden wir uns nun gleich einem kognitiven *bias* zu. Der folgende Fall stammt von den Begründern dieser Forschungsrichtung, Amos Tversky und Daniel Kahneman.

Im Theater wird ein Stück gegeben, das Herr Rossi unbedingt sehen möchte. Der Eintritt kostet einhundert Mark. Obwohl Herr Rossi nicht eben wohlhabend ist, beschließt er, zwei Karten zu kaufen. Stellen Sie sich nun die folgenden beiden Situationen vor:
1. Herr Rossi hat die Karten lange im voraus besorgt. Eine Woche vor der Aufführung stellt er plötzlich fest, daß sie weg sind.
2. Am Tag, bevor Rossi die Karten kaufen will, merkt er, daß infolge eines dummen Buchungsfehlers zweihundert Mark auf seinem Konto fehlen.
  Wie groß ist Ihrer Meinung nach die Wahrscheinlichkeit, daß Rossi im ersten Fall neue Karten kauft?
  Für wie wahrscheinlich halten Sie es, daß Rossi im zweiten Fall trotzdem Karten kauft?

Wie wir uns schon denken können, halten es die meisten Menschen für wahrscheinlicher, daß Herr Rossi im Fall 2 die Karten trotzdem kauft, als daß er im Fall 1 neue Karten besorgt. Aus ökonomischer Sicht hat diese Entscheidung nichts Rationales, denn in beiden Fällen ist Rossi um zweihundert Mark ärmer geworden und muß nun entscheiden, ob er weitere zweihundert Mark ausgeben soll. Was hier wirkt, ist ein psychologischer *bias*, der als mentale Budgeteinteilung (*mental budget allocation*) bezeichnet wird. Wie Kognitionswissenschaftlern und Ökonomen, die sich mit den psychologischen Grundlagen von Verhandlungsprozessen befassen, wohlbekannt ist, und wie alle, die selbst verhandeln müssen, zumindest implizit wissen, widerstrebt es uns *anfangs*, einen für eine bestimmte Anschaffung eingeplanten Betrag aufzustocken. Zugleich aber neigen wir *später* dazu, noch mehr zu investieren, damit eine *bereits gemachte* Ausgabe auch wirklich Gewinn abwirft. Es fällt uns (wie auch Herrn Rossi) zunächst schwer, aus dem mentalen Budget eine bestimmte Summe lockerzumachen. Ist die Ausgabe aber erst einmal getätigt, dann sind wir geneigt, mehr auszugeben, als wir ursprünglich vorhatten, um nur irgendeinen Gewinn davon zu haben.

Nehmen wir jetzt an, Herr Rossi, der nie ohne seine Frau ausgeht, hat *nur eine* der beiden Eintrittskarten verloren, und die Theaterkasse ist nicht bereit, die verbliebene Karte zurückzunehmen und das Geld zu erstatten. Wie hoch ist die Wahrscheinlichkeit, daß Herr Rossi wieder eine Karte besorgt? In diesem Fall halten wir es für noch wahrscheinlicher, daß er die Karte kauft, ja von den genannten drei Fällen ist die Wahrscheinlichkeit hier am größten. Die für diesen Posten bereits ausgegebenen zweihundert Mark bringen nur etwas, wenn weitere einhundert Mark investiert werden. Eine Kette solcher Mechanismen kann Privatleute, Unternehmen und sogar Staaten dazu treiben, immer weiter in längst hoffnungslose Projekte zu investieren, in die sie, wenn sie noch einmal von vorn beginnen könnten, vielleicht keinen Pfennig stecken würden.

Rein wirtschaftlicher Kalkül und nüchterne Risikoabwägung vermischen sich mit psychologischen Faktoren, die am Ende entscheidend sind und vorhersehbare und kalkulierbare ökonomische Folgen haben. Bei unseren Entscheidungen spielt die mentale Budgeteinteilung eine wichtige Rolle, genauso wie das frustrierende Gefühl, das Bedauern, das wir empfinden, wenn wir Investitionen und Vorhaben aufgeben müssen, die bereits eine lange, mit Hoffnungen, Enttäuschungen, ökonomischen Projektionen, Risiken und früheren Rettungsversuchen verbundene Geschichte haben.

Diese komplexen *biases* sind im Rahmen der Verhandlungspsychologie von Psychologen und Wirtschaftswissenschaftlern besonders gründlich untersucht worden. Es gibt heute einen Forschungszweig der «Psychoökonomie», der sich speziell mit diesen Vorgängen befaßt, zu denen auch die «Minimierung des Bedauerns» gehört. Doch zurück zu Herrn Rossi. Verständlicherweise schmerzt ihn der Verlust der Karten, für die er zweihundert Mark ausgegeben hat, mehr als der Fehlbetrag auf seinem Konto in der zweiten Variante. Beim Verlust von nur einer Karte wäre das Bedauern über die Nichtnutzung der für die verbliebene Karte «draufgegangenen» zweihundert Mark größer als der Kummer über den bloßen Geldverlust.

Hier noch zwei weitere typische Fälle, bei denen das «Bedauern» eine Rolle spielt:

1. Rossi besitzt seit vielen Jahren Aktien einer bestimmten Gesellschaft im Wert von zehntausend Mark, die er schon fast vergessen hat. Eines Tages fallen sie ihm plötzlich wieder ein, und er überlegt, ob er sie behalten oder lieber verkaufen soll. Er stellt fest, daß ihr Wert die ganze Zeit über ungefähr gleich geblieben ist, und beschließt deshalb, nichts zu unternehmen und die Aktien zu behalten.

Einige Monate später macht die Firma völlig überraschend pleite, und die Aktien sind keinen Pfennig mehr wert. Rossi hat also auf einen Schlag zehntausend Mark verloren.

2. Auch Bianchi besitzt seit langem Aktien einer Gesellschaft, an die er jahrelang kaum einen Gedanken verschwendet hat. Eines Tages jedoch fallen sie ihm wieder ein, und er überlegt, ob er sie verkaufen oder behalten soll. Da ihr Wert über die Jahre nicht gestiegen ist, beschließt er, sie abzustoßen und den Erlös gewinnbringender anzulegen.

Die neue Geldanlage ist nicht so profitabel, wie Bianchi sich erhofft hat, wohingegen einige Monate später ausgerechnet die Gesellschaft, deren Aktien er verkauft hat, eine höchst gewinnträchtige Erfindung zum Patent anmeldet. Der Wert ihrer Aktien verdoppelt sich. Bianchi hat jetzt zehntausend Mark weniger, als wenn er die Aktien, die jahrelang in seinem Besitz waren, *nicht* verkauft hätte.

Die Ausgangssituation war gleich, und auch das Ergebnis ist gleich (beide haben zehntausend Mark verloren), und trotzdem sind Bianchi und Rossi sicher *nicht* in der gleichen Gemütsverfassung. Wer von beiden ärgert sich mehr? Bianchi, ganz klar! Denn anders als Rossi hat er gehandelt und damit einen seit Jahren bestehenden Zustand verändert, den er besser beibehalten hätte.

Wir brauchen – und da haben wir es wieder mit einem mentalen Tunnel zu tun – mehr Rechtfertigungen, wenn wir eine Entscheidung treffen und handeln, als wenn wir untätig bleiben, nichts entscheiden und alles beim alten lassen (vor allem, wenn ein Zustand schon lange andauert). Unsere mentale Ökonomie verbucht «Handeln» als Kostenpunkt. «Lohnt» sich eine Handlung nicht oder führt sie gar zu einem Verlust, dann bedauern wir, gehandelt zu haben. Wenn uns dagegen ein Gewinn entgeht oder wir einen Verlust erleiden, weil wir *nichts* unternehmen und den alten Zustand beibehalten haben, dann tut uns das zwar auch leid, aber unser Bedauern ist geringer. Es geht hier, wohlgemerkt, nicht um Handeln, das «Mühe» kostet. Bianchi und Rossi können den Ankauf beziehungsweise Verkauf der Aktien mit einem Telefonanruf erledigen. Die «Kosten» des Handelns sind nicht physisch, sondern rein mental.

Es folgt ein weiterer klassischer Fall; diesmal geht es nicht um finanziellen Gewinn oder Verlust.

Rossi und Bianchi fahren zusammen mit dem Taxi zum Flughafen. Rossi hat einen Flug nach Frankfurt, Bianchi einen nach London gebucht. Laut Flugplan starten beide Maschinen um 17.00 Uhr. Das Taxi bleibt in einem ungewöhnlich langen Stau stecken und kommt erst um 18.30 Uhr am Flughafen an. Bianchis Maschine ist planmäßig gestartet, während der Flug nach Frankfurt einviertel Stunden Verspätung hatte. Beide Männer haben ihren Flug verpaßt, aber einer von beiden wird sich mehr ärgern als der andere. Wer?

Rossi, ohne Zweifel. Es ist viel frustrierender, ein Flugzeug um fünfzehn Minuten zu verpassen als um anderthalb Stunden, auch wenn man für die Verspätung nichts kann und ohnehin nicht mehr damit gerechnet hat, die Maschine noch zu erwischen.

Diese einfachen, klassischen Beispiele für rein kognitive *biases* haben nach den eher dem perzeptiven Bereich zuzuordnenden Beispielen am Anfang des Buches die Begriffe Heuristik und *bias* in ihrem ganzen Umfang hoffentlich noch besser verständlich gemacht.

Bevor wir uns weitere Beispiele vornehmen, möchte ich gleich einen etwaigen Einwand entkräften. In allen diesen Fällen, so wird man mir entgegenhalten, spielen auch *Emotionen* mit (Bedauern und Ärger sind ja nicht nur kognitiv, sie sind auch Gefühlszustände). Ausschlaggebend ist aber, daß sich solche Phänomene und ihre kognitiven Ursachen leicht aus den emotiven Korrelaten oder Begleiterscheinungen «herausdestillieren» lassen, da sie praktisch universell und auf andere übertragbar sind und alle Menschen in die gleiche Richtung «ziehen». Auch wenn uns Rossi und Bianchi ziemlich gleichgültig sind, können wir ihre Empfindungen gut nachvollziehen und richtig vorhersagen, wie sie reagieren und wie sie entscheiden werden. Damit ist schon gewährleistet, daß es sich um Erscheinungen handelt, die sich «rein» kognitionswissenschaftlich, also (wie halb im Ernst, halb im Spaß gesagt wurde) im Rahmen einer «Psychologie ohne die Emotionen» erfolgreich analysieren lassen.

Unsere spontanen Intuitionen: gut oder schlecht?

Kommen wir auf die Bezeichnung «kognitive Täuschung» zurück, und vergleichen wir diesen neuen, revolutionären Begriff mit dem viel traditionelleren der Wahrnehmungstäuschung und hier speziell der optischen Täuschung. Grundsätzlich können wir sagen, daß eine Täuschung im Bereich der Wahrnehmung das ist, was ein Sophisma im Bereich des Denkens darstellt, nämlich etwas, das nicht wahr ist, aber *ganz so aussieht, als wäre es wahr*. An einer Täuschung ist immer auch etwas Wahres, so wie ein Sophisma immer etwas Überzeugendes hat. Versuchen wir also herauszufinden, was an unseren Intuitionen gut und was schlecht ist.

Die moderne Kognitionswissenschaft hat mit den kognitiven Täuschungen eine neue Art von Phänomenen aufgedeckt (neu natürlich nur für die Wissenschaft, denn in Wirklichkeit sind sie so alt wie die Menschheit), und nun weiß man nicht recht, ob man sie mit dem Nekkerschen Würfel, der Müller-Lyerschen Figur und den Bildern von Escher in eine Schublade stecken soll oder lieber mit dem Perpetuum mobile, dem Stein der Weisen, dem SDI-Programm von Reagan oder dem sozialistischen Paradies. Sie liegen nämlich genau in der Mitte zwischen den regelrechten optischen Täuschungen und gewissen Utopien, an denen so mancher gern festhalten *will*. Einerseits sind kognitive Täuschungen wirklich rein kognitiv, und das ist das neue daran. Andererseits sind sie aber auch veritable Täuschungen, wie wir gleich sehen werden, wenn wir jetzt ein paar wichtige Merkmale der klassischen Wahrnehmungstäuschungen betrachten.

Zunächst einmal muß klar sein, daß eine echte Täuschung nichts

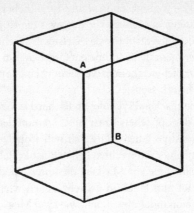

Bild 3

«Verrücktes» oder Unsinniges ist; sie hat immer auch etwas ganz *Plausibles*. Auch eine kognitive Täuschung ist nicht einfach ein Fehler, den wir machen, sie kommt nicht dadurch imstande, daß wir «drauflosraten». Es handelt sich vielmehr um ein übermächtiges und zugleich falsches intuitives Urteil, das uns allen (oder fast allen) gemeinsam ist, ein Urteil, das uns zumindest auf den ersten Blick *zutiefst überzeugt*. Es überzeugt uns, steht aber zugleich im Widerspruch zu anderen Fakten oder anderen Urteilen, die uns *genauso* überzeugen. Typisch für jede echte Täuschung ist auch, daß der Wille nichts dagegen auszurichten vermag. Die angelsächsischen Philosophen nennen das *weakness of the will*. Wir wissen genau, daß die beiden Linien der Müller-Lyerschen Figur (Bild 2) gleich lang sind, wir haben sie gemessen, und trotzdem erscheint uns die eine länger als die andere, und der Bogen von Saint-Louis in Missouri (Bild 1) sieht für uns immer höher als breit aus, obwohl wir uns davon überzeugt haben, daß er exakt so breit wie hoch ist. Der Wille kann dem Auge nicht befehlen, das rationale Wissen dringt nicht zu den visuellen Verarbeitungsprozessen durch. Die optische Täuschung entsteht durch primitive, einfache, starre, spezialisierte und für Eingriffe der Zentrale, also des Verstands und des Wissens, unzugängliche mentale Vorgänge. In diesem Sinne sind Wahrnehmungstäuschungen und – wenngleich in weniger deutlicher Form – auch kognitive Täuschungen ein Beweis für das, was die Kognitionswissenschaft heute als modulare Struktur des Geistes bezeichnet. Die Arbeitsvorgänge unserer mentalen Module entsprechen, um einen extremen Vergleich heranzuziehen, eher der Verdauung einer Speise als der Zubereitung eines Leckerbissens.

Von dem englischen Psychologen Richard L. Gregory, einem Kenner und Meister der optischen Täuschung, stammt der folgende Trick, den man eigentlich live sehen sollte. Ich will trotzdem versuchen, ihn zu schildern. Auf einer senkrechten hellen Plastiktafel sieht man nebeneinander zwei genau gleiche Masken, die unterschiedlich beleuchtet sind. Wird die Tafel nun langsam gedreht, sehen wir, wie sich die beiden Gesichter voneinander abwenden, wie zwei Menschen, die sich gestritten haben. Doch dann geschieht das Unglaubliche: Während eines der Gesichter sich langsam weiterdreht, bleibt das andere stehen, die Maske kippt um, und man hat den Eindruck, als rolle der Kopf sehr schnell nach unten und drehe sich dann in die entgegengesetzte Richtung weiter. Ein unglaublicher, schwindelerregender Effekt. Der Trick ist einfach, und jeder fällt darauf herein. Wie läßt sich der Vorgang erklären?

Die Neurophysiologie hat entdeckt, daß unser Gehirn (übrigens auch das der Affen) spezielle Rezeptoren für das menschliche Gesicht (bei Affen für das Affengesicht) besitzt, besondere Neuronen also, die *nur* aktiviert werden, wenn ein Gesicht in unser Blickfeld kommt, ganz gleich, ob es sich um ein echtes Gesicht, ein Foto oder eine Skulptur handelt. Diese automatischen visuellen Mechanismen nutzt Gregory für seinen Trick in Verbindung mit zwei anderen angeborenen Reflexen. Wir nehmen nämlich ein Gesicht immer als nach außen, zu uns hin gewölbt und von oben, also von der Sonne beleuchtet, wahr. Bei Gregorys Versuch ist dagegen eine der beiden Masken konkav und von unten beleuchtet. Das eine kompensiert das andere, so daß sich unser visuelles System nicht darum kümmert und das Gesicht als «voll» und von oben beleuchtet sieht. Solange die konkave Maske stillsteht, widerspricht nichts unserer perzeptiven «Hypothese» (ich sage aus guten Gründen Hypothese, obwohl uns der Vorgang nicht bewußt ist). Auch wenn sich die Tafel zu drehen beginnt, beharrt der auf menschliche Gesichter spezialisierte Teil unseres visuellen Systems auf seinem Irrtum, er bleibt bei seiner Hypothese und zeigt uns weiterhin ein von oben beleuchtetes, volles Gesicht, das sich von dem anderen Gesicht abwendet. Alles hat jedoch seine Grenzen, auch die Beschränktheit und Autonomie einer hochspezialisierten Komponente des Sehapparats. Dreht sich die Tafel weiter, macht das *reale* Licht- und Schattenspiel die spontane visuelle Hypothese «volles, von oben beleuchtetes Gesicht» plötzlich unhaltbar, und es kommt zum oben geschilderten schwindelerregenden «Kollaps».

Glauben Sie mir, selbst wenn man diesen Trick bis in die letzte Einzelheit kennt, fällt man unweigerlich darauf herein. Der Verstand kann das Auge nicht zwingen, etwas anderes zu sehen.

Aus diesem Beispiel lassen sich bereits einige grundlegende und allgemeingültige Lehren ziehen:

• In unserem neuronalen und psychischen System gibt es eigenständige, spezialisierte Kreisläufe und Kalküle, die für das, was wir von woandersher wissen, weitgehend unempfänglich sind. Weitgehend, aber doch nicht ganz. So «bricht» denn auch die visuelle Hypothese «volles, von oben beleuchtetes Gesicht» zusammen, wenn so viel dagegen spricht, daß sie psychologisch *und visuell* unhaltbar wird.

• Die Revision dieser unbewußten und dem Bewußtsein nicht zugänglichen instinktiven Hypothesen erfolgt schlagartig, «katastrophenhaft». Wir sind, um bei Gregorys Masken zu bleiben, nicht imstande, ein Gesicht zu sehen, das etwa zu 45 Prozent hohl und von unten beleuchtet und zu 55 Prozent nach außen gewölbt und von oben beleuchtet ist. Wir können uns dies noch nicht einmal vorstellen. Unser Sehapparat und die Wahrnehmungsmodule ganz allgemein schalten übergangslos von einer einfachen Hypothese zu einer anderen, ebenso einfachen Hypothese um. Sie sind, wie gesagt, ziemlich «einfältig» und völlig impulsiv, sie arbeiten nicht wie ein «Wissenschaftler» (und wie die nichtmodularen, intelligenten und rationalen Komponenten unseres Geistes), wägen also nicht verschiedene Hypothesen gegeneinander ab, indem sie deren jeweilige Wahrscheinlichkeit messen.

- Das einem Wahrnehmungsmodul zur Verfügung stehende Repertoire an Hypothesen ist sehr begrenzt, und sobald eine Hypothese widerlegt wird, arbeitet das Modul unverzüglich und blindlings eine andere aus.
- Obwohl die Wahrnehmungsmodule beschränkt, blitzschnell und autonom sind, ist keines wirklich isoliert. Sie interagieren mit anderen Modulen, zum Beispiel mit dem ebenso automatischen und angeborenen, das uns bei bewegten Objekten immer eine fließende Bewegung sehen läßt. Deshalb sieht es für uns so aus, als würde die Maske blitzschnell nach unten fallen und ihren Drehsinn wechseln. Bei der plötzlichen und übergangslosen Korrektur der Hypothese «volles Gesicht, von oben beleuchtet» muß ja gleichzeitig die *zwangsläufige* Kontinuität der Bewegung einkalkuliert werden, und so vermerkt das System eine blitzschnelle Rotation der Maske nach unten und einen Wechsel der Drehrichtung.

Dieses Beispiel zeigt deutlich, was an unseren spontanen Wahrnehmungen gut und was an ihnen schlecht ist. Gut ist die Komponente, die uns eine unhaltbar gewordene Wahrnehmungshypothese verwerfen und eine andere, entgegengesetzte, suchen läßt. «Schlecht» ist dagegen zum einen die Beharrlichkeit, mit der sich die Module so lange an eine irrige Hypothese klammern, bis sie sich wirklich nicht mehr aufrechterhalten läßt, und zum anderen die illusorische Rekonstruktion einer kontinuierlichen Bewegung der Maske, ungeachtet dessen, daß diese scheinbare Bewegung abrupt, unplausibel und absolut unrealistisch ist. Wenn wir uns nun mit einigen der wichtigsten kognitiven Tunnel näher befassen, werden wir noch klarer sehen, worin die Vor- und Nachteile unserer spontanen Intuitionen liegen. Diese kleine Einleitung sollte Ihnen vor allem Lust machen, die Reise in die Tunnel in unserem Kopf anzutreten.

Nun noch einmal zu dem Unterschied zwischen dem, was «uns geschieht», und dem, was wir «tun». Beim Experiment von Gregory und allgemein bei Wahrnehmungstäuschungen «geschieht» etwas mit uns. Wenn wir dagegen ganz bewußt eine Hypothese erarbeiten oder Voraussagen machen, die sich auf Analysen stützen, oder bestimmte Tatsachen plausibel zu erklären suchen, dann «tun» wir etwas. Das Auftreten kognitiver Täuschungen zeigt aber, daß sogar bei dieser «höheren» Tätigkeit oft Dinge mitspielen, die «uns passieren», das heißt, wir schlagen unweigerlich einen falschen Denkweg ein, halten uns an impulsive Miniargumentationen, die ganz ähnliche Folgen haben können wie die unplausible rasche Drehung von Gregorys Masken.

Dazu ein einfaches Beispiel aus der Logik, und zwar aus der berühmten, auf Aristoteles zurückgehenden Syllogistik.

Wenn gilt:
Alle Ruritaner sind reich
Hans ist Ruritaner
dann zieht jeder von uns ohne Zögern den logischen Schluß:
Hans ist reich.
Diese elementare Art des logischen Schließens beherrschen schon kleine Kinder.

Etwas schwieriger ist der folgende Fall.

Wenn gilt:
Kein Wilddieb ist Seemann
Alle Ruritaner sind Wilddiebe
dann schließen wir daraus unwiderlegbar, also logisch:
Kein Ruritaner ist Seemann.

Den besonders Klugen unter Ihren Freunden und Bekannten können Sie den folgenden Fall vorlegen, der sich wiederum auf Ruritanien bezieht (damit sich niemand beleidigt fühlt, wähle ich den Phantasienamen Ruritanien, obgleich es sich um ein real existierendes Land handelt):

Die Prämissen lauten:
Alle Minister sind Diebe
Kein Tankstellenbesitzer ist Minister.
Welcher logische Schluß läßt sich aus diesen beiden Sätzen ziehen?

Wie gesagt – wir sollten dieses Problem nur den Scharfsinnigsten stellen, um Antworten wie «Kein Tankstellenbesitzer ist Dieb» oder «Kein Dieb ist Tankstellenbesitzer» von vornherein auszuschließen. Die wirklich Pfiffigen werden sich hüten, so unlogisch und unüberlegt zu schließen, und falls doch, würden sie sich gleich darauf am liebsten die Zunge abbeißen, weil sie derart aufgelaufen sind.

Probieren Sie es ruhig aus. Ich wette, die ganz Schlauen, die sich die Sache genau überlegen, werden sagen, daß sich aus diesen beiden Prämissen kein logischer Schluß ziehen läßt. Fehlanzeige! Es gibt nämlich doch eine logische Folgerung, die ebenso unanfechtbar ist wie die beiden vorigen. Um Ihnen nicht den Spaß am Überlegen zu verderben, nenne ich die Lösung hier nicht (die richtige Antwort finden Sie auf Seite 158).

Es gibt einen logischen Schluß, aber *wir sehen ihn nicht*. Ich meine natürlich, unser geistiges Auge sieht ihn nicht.

Philip Johnson-Laird, ein englischer Psychologe, der zur Zeit an der Princeton University lehrt, hat diese Art der Argumentation gründlich untersucht und eine plausible Erklärung gefunden, warum uns bei solchen Syllogismen das logische Schließen so schwer fällt. Er erklärt dies natürlich nicht logisch, sondern psychologisch, denn der Logik ist es egal, ob uns etwas leicht- oder schwerfällt, sie interessiert sich nur für das, was *notwendigerweise* richtig oder *notwendigerweise* falsch ist. Ein Marsmensch fände es vermutlich höchst seltsam, daß sich diese komische Art von intelligenten Wesen, die auf der Erde leben, mit solchen Syllogismen so schwertut. Es handelt sich um ein typisch kognitives Phänomen, das sich nur mit unserer Psyche erklären läßt. Der pure Logiker (oder auch unser hypothetischer Marsmensch) kann mit Formulierungen wie «nach reiflicher Überlegung» oder «die meisten intelligenten Menschen», die für den Kognitionswissenschaftler von wesentlicher Bedeutung sind, überhaupt nichts anfangen, da es sich ja um Besonderheiten der menschlichen Natur handelt, nicht um logische Eigenheiten.

Johnson-Laird zieht als Erklärung die Anzahl und die Komplexität der «Denkmuster» heran, die jeder von uns im Kopf stillschweigend aufbauen muß, um diese Art von logischen Schlüssen zu ziehen. Der Fall mit den Ministern und Tankstellenbesitzern erfordert anders als die beiden ersten Fälle drei getrennte mentale Listen mit obligaten Verknüpfungen: zwischen Ministern und Dieben, zwischen Tankstellenbesitzern und Ministern und schließlich zwischen Dieben und Tankstellenbesitzern. Zu «sehen», daß es Verknüpfungen zwischen Dieben und Tankstellenbesitzern gibt, die zwingend falsch sind, stellt für uns eine fast unüberwindliche Schwierigkeit dar. Das Buch *Mental Models* von Johnson-Laird, inzwischen ein Klassiker, erklärt in allen Einzelheiten diese Rätsel unserer spontanen «Logik».

Der Fall des beinahe unlösbaren Syllogismus zeigt uns, daß bei bestimmten Problemen, für die es doch eine präzise, streng logische Lösung *gibt*, selbst die Klügsten unter uns in einen mentalen Tunnel geraten, auch wenn sie Zeit haben, in Ruhe nachzudenken. Wir können uns vorstellen, wie es durchschnittlich Klugen ergeht, wenn sie obendrein rasch entscheiden müssen, keine vollständigen Informationen zur Verfügung haben und wenn womöglich niemand weiß, ob es überhaupt eine befriedigende Antwort gibt. Die Denkfehler, die ich Ihnen im folgenden zeige, betreffen eine Gruppe von Problemen, die besonders interessant sind, weil sie erhebliche ökonomische und soziale Folgen haben können. Dazu gehören zum Beispiel die Bewertung von Risiken, Entscheidungen bei Wetten oder Lotterien und ganz allgemein Fälle, in denen wir intuitiv oder «über den Daumen gepeilt» die Wahrscheinlichkeit eines Ereignisses beurteilen.

Einige dieser «Tunnel» werden Sie beunruhigen, denn sie zeigen, daß wir alle eine spontane und unkorrigierbare Neigung haben, in Situationen, in denen so etwas eigentlich nicht passieren sollte (zum Beispiel bei medizinischen Diagnosen, Gerichtsurteilen, bei der Beurteilung von Angestellten, in Risikosituationen etc.), *grobe* Fehler zu begehen. Der wohl einleuchtendste und sicher berühmteste Fall ist das Spiel mit den drei Schachteln, auch als Monty-Hall-Paradox (Seite 141 ff) bekannt. Er wurde sogar auf der Titelseite der *New York Times* behandelt und hat eine Flut von Leserbriefen ausgelöst.

In den Vereinigten Staaten fängt man allmählich an, diese grundlegenden Erkenntnisse über die menschliche Natur zu diskutieren, und in der Medizin, in der Wirtschaft, in der Rechtsprechung und auch bei den Geheimdiensten werden sie hier und da bereits einkalkuliert. Die Entdeckung des «kognitiven Unbewußten» ist mindestens so bedeutend wie die Entdeckung des Unbewußten in der Psychologie. Die bahnbrechenden Untersuchungen auf diesem Gebiet verdanken wir den amerikanischen Psychologen Amos Tversky (der jetzt in Stanford lehrt, aber seine wichtigsten Studien in Tel Aviv und später in British Columbia durchgeführt hat) und Daniel Kahneman (jetzt an der Universität von Berkeley). Inzwischen hat sich daraus ein umfangreicher internationaler Forschungszweig entwickelt, dessen Geschichte ich im Anhang kurz skizziere.

Nun noch einmal zur Frage, was an unseren spontanen Intuitionen gut und was an ihnen schlecht ist. Sie brauchen nicht zu befürchten, daß der Mensch ein völlig irrationales Wesen ist, weil er so leicht diesen kognitiven Täuschungen erliegt. Er ist es zwar viel zu oft, aber er *muß* es nicht sein. Denn das Schlechte, die Neigung zu kognitiven Täuschungen, wird immer durch das Gute, die Vernunft, gemildert. Die Testpersonen, die mit typischen «Tversky-Kahneman-Situationen» konfrontiert werden, also mit Problemen, die kognitive Täuschungen auslösen, *merken*, daß an ihrer Überlegung etwas nicht stimmt, und zwar unabhängig von Bildung und Intelligenz. Sie erkennen, daß es irgendwo «hakt», und überdenken noch einmal, was sie gesagt oder gedacht haben. Aber nur Kognitionswissenschaftler und Psychologen waren imstande zu verstehen, wie diese kognitiven Täuschungen zustande kommen konnten, und sie exakt zu benennen und zu katalogisieren. An unseren Beispielen werden wir sehen, daß jeder, der einen solchen Test macht, kraft der eigenen Vernunft und ohne Hilfe des Psychologen darauf kommt, daß bei seiner Denkweise irgend etwas schiefläuft – er weiß nur nicht, *was*. Das aber können uns die Psychologen, zusammen mit den Kognitionswissenschaftlern, heute sagen. Das Verfahren, das sie anwenden, gleicht der Freudschen Psychoanalyse – sie stellen Fragen, mit deren Hilfe die Probanden *selbst* erkennen, daß ihre Antwort unlogisch, nicht folgerichtig ist. Oft, aber nicht immer (wie wir beim Dreischachtelspiel sehen werden) sind die Testpersonen auch bereit, ihre spontanen Urteile noch einmal zu bedenken, ihre mentale Strategie zu ändern, also bessere Heuristiken zu suchen. Das «ungute Gefühl», das uns bei

Fehlurteilen befällt, und die daraus folgende Suche nach geeigneteren Heuristiken zeigen, daß wir *auch* von Natur aus rationales Handeln anstreben. Dank der Entdeckung des kognitiven Unbewußten läßt sich unsere Rationalität auf eine solidere Basis stellen, als sie die traditionelle Psychologie und Philosophie geboten haben.

Hier ein gutes Beispiel dafür, wie das «ungute Gefühl» ausgelöst werden kann: In einem Test von Tversky und Kahneman wurden englische Versuchspersonen gefragt, ob es ihrer Meinung nach mehr siebenstellige Wörter gibt, die auf «-ing» enden, oder mehr solche, die ein «i» an drittletzter Stelle haben. Die meisten nahmen irrtümlich an, es gebe mehr auf «-ing» endende Wörter. Es ist nämlich leichter, sich «ing»-Wörter vorzustellen als Wörter mit einem «i» an drittletzter Stelle. Bei dieser Einschätzung handelt es sich um eine echte kognitive Täuschung, denn bei etwas genauerer Überlegung wird klar, daß bei den Wörtern auf «-ing» das «i» auch an drittletzter Stelle steht. Es können also gar nicht mehr sein! Präsentiert man denselben Versuchspersonen die Frage etwas anders, nämlich indem man die beiden Fälle untereinander schreibt:
1. ----ing
2. ----i--
erkennt jeder sofort: Eine Untergruppe kann gar nicht größer sein als die Gesamtheit, aus der sie herausgegriffen wurde. Wird die Frage dann allerdings einige Tage oder Wochen später zusammen mit anderen Testfragen *derselben* Testperson abermals gestellt, erliegt sie erneut dem gleichen Irrtum.

In einem anderen Versuch wurden die Testpersonen gefragt, ob es ihrer Meinung nach im Englischen mehr Wörter gibt, die mit «s» beginnen, oder mehr solche, die ein «s» an drittletzter Stelle aufweisen. Da es *viel* einfacher ist, sich ein Wort vorzustellen, das mit «s» beginnt (dafür fallen jedem sofort mehrere Beispiele ein), vermuten die meisten, daß «s» häufiger an erster Stelle als an drittletzter Stelle steht. In Wirklichkeit aber kommt das «s» im Englischen *dreimal* häufiger an drittletzter Stelle vor als am Wortanfang.

Ich möchte mir diese Gelegenheit nicht entgehen lassen, schon jetzt auf eine zentrale kognitionswissenschaftliche Schlußfolgerung hinzuweisen, die in diesem Buch eine sehr wichtige Rolle spielt: **Die wiederholte Erfahrung, «wie die Dinge sind», bewirkt oft *nicht*, daß wir uns eine richtige Vorstellung von ihnen machen.** Jeder Englisch Sprechende ist Jahre oder sogar Jahrzehnte lang *effektiv* dreimal so vielen Wörtern mit «s» an drittletzter Stelle begegnet als Wörtern mit «s» am Anfang: in Büchern, Zeitungen, Werbeanzeigen und auf Straßenschildern. Und doch hat diese alltägliche «Erfahrung», dieses «Bombardement» überhaupt nichts genützt. (Die gleichen Tests könnte man natürlich auch für andere Sprachen machen, mit ähnlichem Ergebnis.)

Wie schon Kant richtig vermutete, werden Erfahrungen in unserem Geist gefiltert, ohne daß wir uns dessen bewußt sind. Wir saugen Formen und Muster nicht einfach passiv aus der Außenwelt auf, sondern bilden eigene innere Muster aus und benutzen dabei auf unsere, besser gesagt: auf deren Weise nur das, was für ihre Herausbildung nötig ist. Die eigentliche Wurzel unserer perzeptiven und kognitiven Täuschungen ist die automatische Anwendung solcher Muster auf die Wirklichkeit, welche sie, würde sie richtig erkannt werden, auf der Stelle widerlegen könnte. Ich komme später darauf zurück.

Schuld an kognitiven Täuschungen ist also unsere Neigung, den leichteren Weg zu nehmen (in der Fachsprache *mental economy* genannt). Wir folgen spontan bestimmten Denkroutinen, die uns am leichtesten fallen und uns unwiderstehlich scheinen. Wir merken nicht einmal, daß wir über sie verfügen und sie gebrauchen und mißbrauchen. Der Ausdruck «geistige Trägheit» gewinnt hier also wissenschaftliche Bedeutung. Aus Gründen, die ich später noch erklären werde, benutzen wir einige dieser «Abkürzungen» unbewußt, während wir andere absichtlich und bewußt einsetzen, allerdings ohne triftigen Grund. Viele dieser unbewußten Denkmuster sind wahrscheinlich angeboren (auch wenn sie nicht von Geburt an in Erscheinung treten). Wie bei der Wahrnehmung von Gesichtern, die Gregory mit seinem Maskenexperiment so eindrücklich demonstriert hat, handelt es sich hierbei um «mentale Module», die in der menschlichen Natur liegen und unabhängig von Geschlecht, Bildung, Sprache oder Erziehung sind. Es gibt nur wenige, sehr häufig vorkommende *Typen* kognitiver Täuschungen, die uns alle in die gleiche Richtung «ziehen». Wie wir an unserem «Dreischachtelproblem» (Seite 142 ff) sehen werden, gehen sogar Nobelpreisträger und Statistikexperten in die Falle, sobald man sie mit einer scheinbar etwas raffinierteren Version eines Problems konfrontiert.

Zum Glück ist da aber noch unsere Vernunft, die bessere Lösungswege *weiß*. Sie sagt uns, daß etwas nicht stimmt, und veranlaßt uns, spontane Fehlurteile zu korrigieren. Bisweilen jedoch erweisen sich unsere unwillkürlichen Intuitionen als recht widerspenstig, und dann sind wir taub für alle Argumente und suchen künstliche und lächerliche Rechtfertigungen für unsere Irrtümer. Dies ist dann aber kein Fall für die Kognitionswissenschaft, sondern für die Psychologie. Die Denkmodule überschneiden sich mit dem emotiven Unbewußten, mit Ehrgeiz, Stolz oder Aberglauben; das kognitive Unbewußte interagiert mit Leidenschaften und Gefühlen. Auch dafür werde ich einige symptomatische Fälle schildern. Die große Leistung der Kognitionswissenschaft besteht darin, kognitive Täuschungen im «Reinzustand» aus den emotiven Komponenten herausdestilliert zu haben. Im realen Leben sind beide Komponenten miteinander verwoben. Die Komponente des «Wahr-Scheinens», die bei kognitiven Täuschungen wie auch bei Wahrnehmungstäuschungen *immer* mitwirkt, gewinnt dann die Oberhand, und die mentalen Tunnel sind hartnäckig und für die Vernunft unzugänglich.

Manchmal wird die Vernunft unterjocht und gezwungen, unsere Fehlurteile vor einer Überprüfung und Korrektur zu bewahren. Hier stößt die Kognitionswissenschaft an ihre Grenzen, und es bleibt nur zu hoffen, daß die wissenschaftliche Erforschung der kognitiven Täuschungen eines Tages eine wertvolle Ergänzung in der wahren Erkenntnis der Täuschungen findet, in einer Disziplin, die Wissenschaft und Kunst vereint und Kognition und Emotionen zu integrieren weiß, also die Entdeckungen von Tversky und Kahneman nicht nur mit denen von Freud in Zusammenhang bringt, sondern auch mit Pirandello, Dostojewski, Shakespeare, van Gogh und Wagner. Bis es soweit ist, müssen wir uns mit der Kognitionswissenschaft begnügen.

Kleine mentale Höhlenkunde

Der Test, mit dem wir hier beginnen, wurde mit einer großen Zahl von Versuchspersonen durchgeführt. Innerhalb von fünf Sekunden soll geschätzt werden, was als Produkt von

$$2 \times 3 \times 4 \times 5 \times 6 \times 7 \times 8$$

herauskommt.

Haben Sie's? Notieren Sie Ihr Ergebnis auf einem Zettel. Stellen Sie ein paar Leuten aus Ihrem Bekanntenkreis die gleiche Aufgabe und notieren Sie auch deren Antworten.

Andere Freunde oder Bekannte, die etwa gleich alt und gleich gebildet sind wie die erste Gruppe, sollen, ebenfalls in fünf Sekunden, das Ergebnis von

$$8 \times 7 \times 6 \times 5 \times 4 \times 3 \times 2$$

schätzen. Notieren Sie die Resultate. Sie werden überrascht sein! Die zweite Gruppe ist nämlich auf ein ganz anderes, im Schnitt viel höheres Ergebnis gekommen als die erste. Fragen Sie nun Ihre «Versuchspersonen», ob sie wissen, was das Kommutativgesetz ist (es besagt, daß sich durch Vertauschen der Faktoren das Produkt nicht ändert). Fast jeder kennt diese Regel! Trotzdem machen wir alle den Fehler, «asymmetrisch» zu schätzen, nur weil dasselbe Produkt anders präsentiert wurde. Das richtige Ergebnis finden Sie auf Seite 158. Es wird Ihnen sicher gewaltig vorkommen, jedenfalls ist es viel höher als der Durchschnitt der beiden Schätzungen (die Sie ebenfalls im Anhang finden).

Diese Art der kognitiven Täuschung bezeichnet man als «Ankereffekt» (*anchoring*), für den wir gleich noch weitere Beispiele kennenlernen werden. In unserem Fall rechnen wir im Kopf von links nach rechts rasch die ersten Ergebnisse aus und schätzen auf der Basis dieses Zwischenresultats «wild» drauflos. Bemerkenswert ist dabei, daß diese Extrapolation (die intuitive Strategie, sich vorzustellen, was herauskäme, wenn man mit Bleistift und Papier exakt weiterrechnen könnte) beim ersten Zwischenergebnis *verankert* bleibt und sich nie allzuweit, jedenfalls nie weit genug davon entfernt. Bei der Reihe der größer werdenden Zahlen multipliziert man die ersten zwei oder drei Faktoren, also 2×3×4, und «sieht», daß ungefähr 20 herauskommt. Man weiß, daß mit immer größeren Zahlen multipliziert wird, und schätzt deshalb ziemlich hoch, aber nie hoch genug. Die meisten Testpersonen multiplizieren wiederum mit 20 und nicht, wie es richtig wäre, mit 2000. Im zweiten Fall verfährt man ebenso, multipliziert also 8×7×6, kriegt dabei etwa 400 heraus und «ankert» bei diesen 400, auch wenn man diese Zahl dann vervierfacht oder verfünffacht oder verzehnfacht. Kaum jemand kommt darauf, daß sie statt dessen mit *hundert* multipliziert werden müßte.

Aus den in beiden Gruppen verschiedenen «Ankerwerten» erklären sich die voneinander abweichenden Ergebnisse und auch die *systematische* grobe Unterschätzung des tatsächlichen Resultats.

Es scheint also fast, als müßte die alte Trennlinie zwischen dem, was wir tun, und dem, was mit uns «geschieht», neu gezogen werden. Schließlich ist dieses Schätzen eines Produkts etwas, das wir tun. Die «Ankerstrategie» dagegen ist etwas, «das uns geschieht». Sie ist uns nicht bewußt. Uns ist zwar klar, daß wir zunächst einmal drauflosrechnen und dann extrapolieren; die wenigsten aber erkennen, daß sie fest und irrtümlich bei ihrem Zwischenresultat «verankert» bleiben. So gut wie niemand rechnet *spontan* in der umgekehrten Reihenfolge, also von rechts nach links. Diese geistige Schwerfälligkeit hängt mit der uns geläufigen Strategie des «Einrahmens» (englisch *framing*) zusammen: Wir nehmen ein Problem so hin, wie es uns präsentiert wird, anstatt es in geeigneter Weise umzuformulieren. Wir kommen nicht auf die Idee, von rechts nach links anstatt von links nach rechts zu rechnen, obwohl wir *wissen*, daß die Reihenfolge der Faktoren keinen Einfluß auf das

Endprodukt hat. Wir wissen es, wenden diese Kenntnis aber nicht an, obwohl sie in dieser Situation von ausschlaggebender Bedeutung wäre.

Dies ist ein erstes, ganz einfaches Beispiel für einen mentalen Tunnel: Ein in einem anderen Winkel unseres Kopfes vorhandenes Wissen (in diesem Fall das Kommutativgesetz) ist uns im entscheidenden Moment *nicht zugänglich*. Wir können beim Schätzen des Produkts dieses Wissen, über das wir verfügen und das *offensichtlich* wichtig ist, nicht nutzen. Erst wenn wir unseren kleinen Tunnel wieder verlassen, sehen wir klar. Solange wir, ohne es zu merken, darin feststecken, besteht unser Lösungsversuch aus einem Mischmasch von etwas, das wir bewußt tun, und etwas, das mit uns geschieht, teils auf explizitem Rechnen, teils auf *zwanghafter* Intuition, auf Vernunft und Unvernunft. Dieser Vorgang ist auch für viele andere Situationen typisch. Fakten und Kenntnisse, über die wir theoretisch verfügen, die nachweislich in irgendeinem «Hinterstübchen» gespeichert sind und von denen wir wissen müßten, daß sie für die Lösung des speziellen Problems adäquat sind, bleiben uns unzugänglich, als versperrte uns irgendein natürliches mentales *Hindernis* den Weg zu den Inhalten anderer Bereiche in unserem Kopf. Deshalb verwende ich das Bild des «mentalen Tunnels».

Zum Glück sind wir aber weder Maulwürfe noch Vollzeit-Höhlenforscher. Sobald uns weitere Daten zur Verfügung gestellt werden oder das Problem leicht abgewandelt oder ganz neu formuliert wird, schlagen wir einen anderen Denkweg ein, und der vorher verschlossene Bereich «öffnet» sich wie durch ein Wunder. Nachdem wir mit einigen simplen Denkfehlern Bekanntschaft gemacht haben, gehen wir jetzt daran, tiefere und interessantere Tunnel zu erforschen.

Der falsche Umgang mit Wahrscheinlichkeiten

Ich habe soeben eine Münze siebenmal in die Luft geworfen und frage Sie, wie oft ich Kopf und wie oft ich Zahl geworfen habe, welche der folgenden drei Sequenzen ich also erhalten habe. Tippen Sie falsch, verlieren Sie eine Mark, raten Sie richtig, gewinnen Sie drei Mark (K = Kopf, Z = Zahl):

1. KKKKZZZ
2. ZKKZKZZ
3. ZZZZZZZ

Denken Sie kurz nach, bevor Sie antworten, und lesen Sie erst dann weiter.

Bei Tests mit einer großen Zahl von Versuchspersonen, die keine Ahnung von Statistik hatten, tippten die weitaus meisten auf Sequenz 2, es folgte 1 und zuletzt 3. Der Wahrscheinlichkeitsrechnung nach aber ist bei sieben Würfen jede Sequenz gleich wahrscheinlich. Es wäre rational gesehen also völlig egal, auf welche der drei Sequenzen wir tippen. Wer 2 für am wahrscheinlichsten hält, erliegt einer sehr weit verbreiteten kognitiven Täuschung: Er verwechselt das *Typischere* mit dem *Wahrscheinlicheren*. Unsere spontanen, unüberlegten Ansichten über das, was typisch ist, wirken sich auch auf unser Denken in Wahrscheinlichkeiten aus und spielen uns dabei böse Streiche. Die meisten von uns wissen nämlich herzlich wenig über die genaue Definition von Wahrscheinlichkeit und über die exakte Wahrscheinlichkeitsrechnung. Dazu gleich mehr.

Hier ein etwas komplizierteres, aber dafür auch interessanteres Beispiel für eine solche falsche Einschätzung der Wahrscheinlichkeit:

Wir würfeln mehrmals nacheinander mit einem Spielwürfel, der vier grüne und zwei rote Seiten hat. Frage: Welche der folgenden Sequenzen wurde wohl gewürfelt? Raten Sie falsch, verlieren Sie eine Mark, ist Ihr Tip richtig, gewinnen Sie drei Mark (R steht für Rot, G für Grün).

1. RGRRR
2. GRGRRR
3. GRRRRR

Was meinen Sie? Überlegen Sie in aller Ruhe.

Die meisten Testpersonen tippen auf 2. Es folgen 1 und 3.

Halten wir fest, daß die Wahrscheinlichkeit, Grün zu würfeln, $4/6$ (also $2/3$) und die Wahrscheinlichkeit für Rot $2/6$ (also $1/3$) ist, also nur halb so groß. Alle drei Sequenzen sind «unausgewogen» zugunsten des weniger wahrscheinlichen Rot. Viele Testpersonen sehen in 2 eine «ausgewogenere» (oder weniger unausgewogene) und *folglich* wahrscheinlichere Sequenz. Auch hier halten wir für wahrscheinlicher, was uns intuitiv «typischer» vorkommt.

Das erstaunliche dabei ist, daß 65 Prozent der Befragten (mit Ausnahme der Experten für Wahrscheinlichkeitsrechnung) auch dann noch dazu neigen, auf 2 zu tippen, nachdem sie ausdrücklich darauf hingewiesen wurden, daß 1 mit 2 identisch ist, wenn man den ersten Wurf von 2 wegläßt. Mit Hilfe einer einfachen Wahrscheinlichkeitsrechnung *müßten* wir darauf kommen, daß die Wahrscheinlichkeit der längeren Sequenz auf jeden Fall um mindestens $2/3$ *geringer* ist als die der kürzeren. Trotzdem entscheiden wir uns für Reihe 2, die uns ausgewogener erscheint. Diese typische kognitive Täuschung, für die viele Beispiele bekannt sind, haben Tversky und Kahneman das «Gesetz der kleinen Zahl» genannt. Entgegen der Wahrscheinlichkeitsrechnung, die sich auf das Gesetz der *großen* Zahl gründet, erwarten wir schon bei ganz kurzen Reihen die «normale» Alternanz der Ergebnisse.

Auch der berühmte «Spielerirrtum» (*gambler's fallacy*) beruht auf dieser falschen Erwartung. Wenn beim Roulette die Kugel zwanzigmal in Folge auf Rot gefallen ist, setzen wir auf Schwarz, obwohl die Wahrscheinlichkeit, daß die Kugel auf Schwarz fällt, genau ½ beträgt, ganz gleich, was vorher passiert ist. Der Spieler nimmt fälschlicherweise an, daß es auch in einer kurzen Sequenz rein zufälliger Ereignisse früher oder später (die meisten glauben früher) zu einer ausgewogenen Verteilung von rund 50 zu 50 kommen müsse. **Man glaubt, daß auch für eine kurze Serie statistisch zutrifft, was selbst für sehr lange Serien nur *annähernd* richtig ist und strenggenommen *nur* für unendlich lange Sequenzen gilt.**

Was das etwas simplere, aber nicht minder aufschlußreiche Beispiel mit den Münzen betrifft, so lehrt uns die Statistik, daß nicht nur jede der drei genannten Sequenzen, sondern bei sieben Würfen jede Sequenz von vornherein genauso wahrscheinlich ist wie jede andere Sequenz von sieben Würfen. Wer glaubt, daß eine «abwechslungsreichere» Sequenz wahrscheinlicher ist, erliegt einer Täuschung. Anhand der mathematischen Wahrscheinlichkeitsgesetze läßt sich *objektiv* messen, daß es sich um eine Täuschung handelt. Die Wirklichkeit ist anders, als sie uns subjektiv vorkommt.

Auch im Fall mit den Würfeln zeigt sich diese Täuschung klar und deutlich. Der Befragte beharrt sogar dann noch auf seiner Entscheidung, wenn er weiß, daß die längere Sequenz die kürzere enthält, welche damit *notwendigerweise* weniger wahrscheinlich ist, ganz gleich, welche Wahrscheinlichkeit die andere hat. Dies zeigt, wie *resistent* bestimmte kognitive Täuschungen gegen eine Korrektur sind. Sogar Statistiker neigen zu demselben Irrtum, sobald sie es mit etwas komplizierteren Beispielen zu tun haben.

Die Tunnel in unserem Kopf

Tunnel Nr. 1
Der Rahmeneffekt

Wir beginnen mit einem kleinen «Klassiker» dieses Gebiets, mit einem Phänomen, das im Englischen *framing of choices* genannt wird. *To frame* bedeutet «einrahmen», aber auch «jemanden reinlegen».

Ein südostasiatisches Land wird von einer schweren Epidemie heimgesucht, die das Leben von sechshundert Menschen bedroht. Zwei verschiedene Hilfsprogramme, hier mit A und B bezeichnet, sind in Vorbereitung.
- Kommt Programm A zum Einsatz, werden mit Sicherheit zweihundert Menschenleben gerettet.
- Kommt Programm B zum Einsatz, besteht eine ⅓-Wahrscheinlichkeit, daß alle sechshundert Menschen gerettet werden, und eine ⅔-Wahrscheinlichkeit, daß keiner gerettet wird.

Für welches der beiden Programme würden Sie unter diesen Umständen votieren?

Überlegen Sie, bevor Sie entscheiden. Wie sich die Teilnehmer an diesem Test im Schnitt entschieden haben, steht auf Seite 158 f.

In leicht abgewandelter Form wurde dieser Test mit einer anderen, nach Geschlecht, Alter und durchschnittlichem Bildungsgrad ganz ähnlichen Gruppe von Versuchspersonen durchgeführt:

Ein südostasiatisches Land wird von einer schweren Epidemie heimgesucht, die das Leben von sechshundert Menschen bedroht. Zwei mögliche Hilfsprogramme, hier mit C und D bezeichnet, sind in Vorbereitung.

- Kommt Programm C zur Anwendung, werden vierhundert Menschen mit Sicherheit sterben.
- Kommt Programm D zur Anwendung, besteht eine ⅓-Wahrscheinlichkeit, daß niemand stirbt, und eine ⅔-Wahrscheinlichkeit, daß alle sechshundert Menschen sterben.

Welches der beiden Programme würden Sie empfehlen?

Die beiden Versionen unmittelbar hintereinander zu schildern, so wie ich es hier tun mußte, ist natürlich kein korrektes Vorgehen, doch bitte ich Sie dennoch, wieder kurz zu überlegen und sich dann zu entscheiden. Der *Framing of choice*-Effekt ist so stark und so weit verbreitet, daß er oft sogar bei dieser Vorgehensweise wirkt. Die Testergebnisse der zweiten Versuchsgruppe finden Sie auf Seite 159.

Die Theorie der rationalen Entscheidung beweist uns, daß es nicht nur *völlig egal* ist, wie wir uns im ersten Fall (zwischen A und B) und im zweiten (zwischen C und D) entscheiden, sondern *daß alle vier Varianten auf das gleiche hinauslaufen*. Diese Theorie beruht auf der Berechnung des Erwartungswerts oder erwarteten Nutzens (*expected utility value*). Bei dieser Berechnung (die wir, wenn wir rational denken, anstellen *sollten*, aber so gut wie *nie* spontan anstellen) wird der «Gewinn» beziehungsweise «Schaden» mit der Wahrscheinlichkeit multipliziert, den Gewinn zu erhalten oder den Schaden zu erleiden. Wie wir noch sehen werden, besteht der Grundgedanke dieser Rechnung darin, daß ein Gewinn von einer Mark, der mit einer Wahrscheinlichkeit von 50 Prozent (½) gewonnen wird, fünfzig Pfennig wert ist. Beim Münzenwerfen (Kopf oder Zahl) wäre bei einem Gewinn von einer Mark der angemessene «Preis» der Wette, also das, was wir rational gesehen als Einsatz auf den Tisch legen müßten, eben diese fünfzig Pfennige. Beim Würfeln (der Einfachheit halber mit nur einem Würfel) wäre bei einem Gewinn von sechs Mark der angemessene Preis eine Mark (nur eine von sechs Zahlen gewinnt). Auf das Epidemieproblem angewendet, zeigt diese Art des rationalen Kalküls, daß alle vier Möglichkeiten den gleichen erwarteten Nutzen haben, nämlich zweihundert gerettete Menschenleben. Wir «sehen» diese Gleichwertigkeit nicht, wir erkennen nicht, daß statistisch, wenn auch nicht emotional, alle vier Möglichkeiten gleich sind, denn wir sind in einen mentalen Tunnel gerutscht: in den Tunnel der eingerahmten Wahl.

Der Fall der asiatischen Epidemie mag uns nicht sehr wirklichkeitsnah erscheinen, aber der gleiche Effekt zeigte sich auch bei Tests mit viel konkreteren und mithin besorgniserregenderen medizinischen Beispielen. 1982 befragten McNeil, Pauker, Sox und Tversky in einem *qualitativ* ganz ähnlichen Test, der auf realen medizinischen Daten basierte, eine Gruppe US-amerikanischer Ärzte und fanden heraus, daß eine beträchtliche Mehrheit dieser Klinikärzte genauso wie der Normalbürger zu solchen Fehleinschätzungen neigt. Sagte man ihnen, die durchschnittliche Sterberate bei einem chirurgischen Eingriff sei 7 Prozent innerhalb von fünf Jahren nach der Operation, rieten sie ihren Patienten eher widerstrebend zu dem Eingriff. Hieß es dagegen, die durchschnittliche Überlebensquote fünf Jahre nach der Operation betrage 93 Prozent, waren sie weit mehr geneigt, ihn zu empfehlen. Dabei sind beide Daten statistisch absolut gleichwertig. Sie sind lediglich anders «gerahmt», in einem anderen Rahmen präsentiert. Wenn das Thema nicht so ernst wäre, könnte man hier auch die Scherzfrage nach dem Unterschied zwischen einem Optimisten und einem Pessimisten anführen. Für den einen ist ein zur Hälfte gefülltes Glas halb voll, für den anderen halb leer. Die Aussage, daß die Sterblichkeit 7 Prozent beträgt, entspricht der Sicht des Pessimisten, während ein Optimist sagen würde, die Überlebensquote liege bei 93 Prozent.

Dieser tückische, auf dem «Rahmeneffekt» beruhende Denkfehler unterläuft also sogar Fachleuten. Die bestürzenden Ergebnisse dieses Tests wurden im angesehenen *New England Journal of Medicine* veröffentlicht, und diesmal wurde auch die Ärzteschaft auf die Forschungsergebnisse der Kognitionswissenschaft aufmerksam. Seit einigen Jahren weist man in den USA und in Israel (meines Wissens aber in keinem anderen Land) angehende Ärzte in speziellen Kursen auf das Phänomen dieser *biases* hin, die nicht selten bei medizinischen Entscheidungen mit im Spiel sind und die Diagnose beeinflussen.

Tunnel Nr. 2
Die Segregation der Entscheidungen

Der Prozeß des «Einrahmens», dem wir schon in Tunnel 1 begegnet sind, wird von zwei spontanen und größtenteils unbewußten Regeln der «mentalen Ökonomie» bestimmt: der Wahl des leichteren Wegs und der isolierten Betrachtung des Problems, von Tversky und Kahneman als «Segregation» bezeichnet. «Mentale Ökonomie» läßt sich, unter uns gesagt, nämlich auch mit Denkfaulheit übersetzen. Wir folgen immer dem bequemeren Weg; wenn wir ein Entscheidungsproblem vor uns haben, das vernünftig formuliert ist, dann nehmen wir es so hin, wie es uns präsentiert wird, ohne uns spontan alternative Versionen zu überlegen. Wir versuchen es also immer nur so zu lösen, *wie es uns gestellt wurde*. Aus angeborener kognitiver Trägheit (was nicht heißt, daß wir Faulpelze im üblichen Sinne sind) bleiben wir in dem Rahmen «gefangen», in dem uns das Problem vorgelegt wird. Bei den gezielten Tests, die ich hier schildere, präsentieren uns die Kognitionswissenschaftler das jeweilige Problem natürlich ganz bewußt nur in diesem einen «Rahmen». Im wirklichen Leben dagegen konfrontieren uns tagtäglich und meist unwissentlich «Experten» und Politiker, aber auch der Ehepartner, die Kinder oder Eltern oder die chronologische Entwicklung einer Situation mit solchen einseitig dargestellten Problemen. Ohne es zu merken, bleiben wir in diesem Rahmen (oder Tunnel) stecken und sind kognitiv außerstande, die Daten des jeweiligen Problems aus einer anderen Perspektive zu betrachten und damit zu einer unbefangeneren und rationaleren Entscheidung zu kommen.

Auch die zweite Regel der geistigen Trägheit, die «Segregation», trägt dazu bei, daß wir in die Irre gehen. Wir trennen das jeweilige Problem von seinem globalen Kontext und stellen es isoliert ins unmittelbare und ausschließliche Zentrum unserer Aufmerksamkeit. Anstatt Für und Wider unserer Entscheidung sorgfältig abzuwägen und die verschiedenen möglichen oder wahrscheinlichen Gesamtsituationen vor und nach den uns offenstehenden Entscheidungen zu rekonstruieren, blicken wir nicht über unseren eigenen engen Horizont hinaus. Wir unterziehen nur die Handlungen und Entscheidungen einer Prüfung, die sich *unmittelbar* auf die *in ihrem unveränderlichen Rahmen betrachtete* Situation auswirken.

Hier ein einleuchtendes Beispiel, wiederum von Tversky und Kahneman, für das Zusammenwirken dieser Effekte.

Wir haben dreihundert Mark gewonnen. Nun stehen wir vor der Wahl zwischen zwei Möglichkeiten:
  1. Wir bekommen weitere einhundert Mark ausbezahlt.
  2. Wir können eine Münze werfen und auf Kopf oder Zahl setzen; gewinnen wir, bekommen wir weitere zweihundert Mark, verlieren wir, bekommen wir nichts dazu.

Die meisten Befragten entscheiden sich, wie die Ergebnisse von Tversky und Kahneman gezeigt haben, für die Möglichkeit 1. Ganz anders sieht es aus, wenn wir zwischen folgenden Möglichkeiten wählen sollen:

Wir haben fünfhundert Mark gewonnen. Danach sollen wir zwischen den folgenden zwei Möglichkeiten wählen:
  3. Wir verlieren mit Sicherheit einhundert Mark.
  4. Wir werfen eine Münze und setzen auf Kopf oder Zahl; verlieren wir, müssen wir zweihundert Mark zurückgeben, gewinnen wir, brauchen wir nichts abzutreten.

Der Test ergab, daß jetzt die meisten Möglichkeit 4 vorziehen würden – eine Entscheidung, die uns ganz «natürlich» erscheint. Würden wir jedoch rational denken und nicht jede Möglichkeit getrennt betrachten, müßten wir erkennen, daß es nicht nur keinen Unterschied macht, ob wir uns für 1 oder 2 beziehungsweise für 3 oder 4 entscheiden, sondern daß nach der Wahrscheinlichkeitsrechnung sogar alle vier Varianten gleich sind. Denn mathematisch ist bei allen vier dieser Spiele die Wahrscheinlichkeit, hinterher vierhundert Mark mehr in der Tasche zu haben als vor dem Test, exakt gleich groß. Wir jedoch sehen jede dieser Möglichkeiten für sich, losgelöst von ihrem Kontext, anstatt die Situation als Ganzes zu betrachten und zu überlegen, wie sie vor dem Spiel ist und wie sie aussehen wird, nachdem wir uns für *irgendeine* Variante entschieden haben.

Außer der «Segregation» wirkt hier noch ein anderer allgegenwärtiger *bias*: In sicheren Situationen verhalten wir uns anders als in Wahrscheinlichkeitssituationen und bei Aussicht auf einen Gewinn anders, als wenn uns ein Verlust droht. **In Situationen, in denen ein Gewinn lockt, sind wir spontan konservativ, während wir zu «Abenteurern» werden, sobald uns Verluste drohen.** Lassen Sie uns diese grundlegende kognitive «Asymmetrie» zwischen Gewinn und Verlust etwas genauer ansehen und mit Zahlen belegen.

Zwar besteht im Fall 2 eine fünfzigprozentige Wahrscheinlichkeit, fünfhundert statt nur vierhundert Mark kassieren zu können, und im Fall 4 kann es uns mit fünfzigprozentiger Wahrscheinlichkeit passieren, daß wir statt der vierhundert am Ende nur dreihundert Mark haben. Die Theorie des erwarteten Nutzens (*expected utility*) empfiehlt uns, den Gewinn (oder Verlust) mit der Wahrscheinlichkeit zu multiplizieren, mit der wir ihn erhalten (beziehungsweise erleiden). Bei einer Fifty-fifty-Wahrscheinlichkeit, zweihundert Mark zu bekommen (Fall 2), ergibt sich ein Erwartungswert von einhundert Mark (200 × ½, also 200 geteilt durch 2). Gemäß dieser Theorie ist ein zu 100 Prozent sicherer Gewinn von einhundert Mark einem nur zu 50 Prozent sicheren Gewinn von zweihundert Mark genau *gleichwertig*.

Dasselbe gilt für einen sicheren Verlust von einhundert Mark gegenüber einem Nullverlust mit einer Wahrscheinlichkeit von ½ (oder 50 Prozent) und einem zu 50 Prozent wahrscheinlichen Verlust von zweihundert Mark. Bei rationaler Betrachtung macht es nach der Theorie des erwarteten Nutzens und nach der Wahrscheinlichkeitsrechnung *keinen Unterschied, ob es um einen Gewinn oder einen Verlust geht*. Was zählt (besser gesagt, was zählen sollte), ist einzig und allein der Unterschied zwischen der Ausgangssituation und der Endsituation. Bei der Entscheidung zwischen 1 und 2 (in beiden Fällen gibt es einen zusätzlichen Gewinn) haben wir zunächst dreihundert Mark gewonnen, während wir im zweiten Fall, bei dem wir zwischen 3 und 4 entscheiden sollten, vorher fünfhundert Mark eingenommen haben. Die spontane Segregation bewirkt, daß wir diesen wichtigen Unterschied überhaupt nicht berücksichtigen. Wir trennen unsere Entscheidung vom Gesamtzusammenhang. Wie in vielen Tests bewiesen wurde, macht es für uns zudem einen großen Unterschied, ob wir zwischen zwei Gewinnen oder zwei Verlusten zu wählen haben. Wir sind risikobereit, wenn uns ein Verlust droht, während wir in Situationen, in denen wir gewinnen können, eher risikoscheu sind. Die starke Präferenz für 1 im ersten Fall (man geht auf Nummer sicher, wenn ein Gewinn lockt) und für 4 im zweiten (man zieht Ungewißheit vor, wenn es um einen Verlust geht) zeigt dies ganz deutlich. Wenn wir etwas kriegen können, ist uns also der Spatz in der Hand lieber als die Taube auf dem Dach; müssen wir dagegen etwas hergeben, erscheint es uns besser, morgen vielleicht eine Taube zu verlieren, als mit Sicherheit heute den Spatz loszuwerden. Wer sich mit Finanzfragen beschäftigt, kennt diese starke Asymmetrie und die Risikobereitschaft bei drohendem Verlust.

Tversky, Kahneman und ihre Mitarbeiter haben in den letzten Jahren aufschlußreiche Experimente durchgeführt, um die Risikoscheu in Situationen, in denen ein Gewinn lacht, und die Risikobereitschaft in Situationen, in denen Verluste drohen, quantitativ zu erfassen. Hier ein erster typischer Test, der auch an die seinerzeit von dem französischen Wirtschaftswissenschaftler und Nobelpreisträger Maurice Allais behandelte Problematik erinnert:

Die Probanden sollen wählen zwischen
  1. einem sicheren Gewinn von 750 Mark;
  2. einem Glücksspiel, bei dem man mit 75 Prozent Wahrscheinlichkeit einen Tausender und mit 25 Prozent Wahrscheinlichkeit nichts gewinnt.

Die Mehrheit entschied sich für 1. Nach der Theorie des Erwartungswerts ist es dagegen völlig gleich, ob man 1 oder 2 wählt.

Diese Vorliebe für Sicherheit kehrt sich indes um, wenn die folgenden Alternativen gegeben sind:

Die Probanden sollen wählen zwischen
  3. einem sicheren Verlust von 750 Mark;
  4. einem Glücksspiel, bei dem man mit 75 Prozent Wahrscheinlichkeit einen Tausender und mit 25 Prozent Wahrscheinlichkeit nichts verliert.

In diesem Fall wird 3 vorgezogen.

Dank einer Reihe von Experimenten, die zu den brillantesten und exaktesten in der Geschichte der Kognitionswissenschaft gehören, konnten Tversky, Kahneman und Kollegen die Asymmetrie zwischen diesen entgegengesetzten Neigungen sogar genau *messen*. Hier ein exemplarischer Fall mit präzisen Zahlen:

An zwei Spieltischen werden mit jeweils unterschiedlichem Einsatz Münzen geworfen.
  Tisch A: Wenn man gewinnt, bekommt man zwanzig Mark, wenn man verliert, muß man fünf Mark zahlen.
  Tisch B: Wenn man gewinnt, bekommt man den Betrag X, wenn man verliert, muß man fünfzehn Mark zahlen.
  Nun wird eine geheime Versteigerung (mit versiegelten Umschlägen) veranstaltet. Welcher Mindestbetrag müßte in Ihrem Umschlag sein, damit Sie lieber an Tisch B als an Tisch A spielen? Sie dürfen allerdings nicht zu anspruchsvoll sein, denn wenn Sie für X einen zu hohen Betrag verlangen, erwirbt ein anderer, der sich mit weniger zufriedengibt, das Recht, an Tisch B zu spielen, und Sie werden ausgeschlossen.
  Wie hoch müßte der Betrag X mindestens sein, damit Sie lieber an Tisch B als an Tisch A spielen würden?

Überlegen Sie in aller Ruhe. Sie werden feststellen, daß an Tisch B ein fünfzigprozentiges Risiko besteht, fünfzehn Mark zu verlieren, an Tisch A eine ebenso große Wahrscheinlichkeit (50 Prozent), fünf Mark zu verlieren. Die Frage ist also, um wieviel der mögliche Gewinn *höher* sein muß, damit der eventuelle höhere Verlust *ausgeglichen* wird. Der durchschnittliche Betrag, der bei diesem Versuch genannt wurde, ist auf Seite 159 zu finden. Bei allen Testpersonen liegt der geforderte Mindestgewinn deutlich höher als die Differenz zwischen den möglichen Verlusten. Mit anderen Worten: Damit wir uns auf ein höheres Verlustrisiko einlassen, muß der mögliche (aber nicht sichere) Gewinn beträchtlich erhöht werden. Bei rationalem Kalkül gemäß dem Prinzip des Erwartungswertes müßten wir in unseren Forderungen weit bescheidener sein. Es ist indes eine klare psychologische Tatsache, daß wir uns um die Gebote der Rationalität nicht kümmern. Wie sich das in

Zahlen ausdrückt, zeigen (in DM, Dollars, Lire oder Pesetas) Experimente dieser Art.

Höchst aufschlußreich ist auch der Vergleich mit dem folgenden Test:

An zwei Tischen wird Münzenwerfen gespielt, und an beiden kann man nur gewinnen:
Tisch C: bei Kopf fünfzehn Mark, bei Zahl fünf Mark;
Tisch D: bei Kopf fünf Mark, bei Zahl einen Betrag X.
Wie hoch muß X mindestens sein, damit Sie lieber an Tisch D als an Tisch C spielen? Fordern Sie aber nicht zuviel, denn sonst tritt an Ihre Stelle jemand, der weniger anspruchsvoll ist.

Überlegen Sie und nennen Sie Ihren Mindestbetrag. Beachten Sie, daß man hier nur gewinnen und nicht verlieren kann!

Die Beträge, die bei diesem Test im Schnitt genannt wurden, finden Sie ebenfalls auf Seite 159. Bemerkenswert ist hier, daß der verlangte Gewinn viel niedriger ist als im vorhergehenden Fall. Psychologisch besteht also ein starkes Mißverhältnis zwischen der Perspektive, auf jeden Fall zu gewinnen, und einer «gemischten» Perspektive (Gewinne und Verluste sind möglich). Dies mag uns ganz normal erscheinen, doch die «klassische» rationale Entscheidungstheorie sieht dieses Mißverhältnis *nicht* vor. Zwar haben mögliche Verluste in der Theorie ein negatives, mögliche Gewinne ein positives Vorzeichen, für beide jedoch gelten *dieselben* Gleichungen und *dieselben* Optimierungsgrundsätze. Die rationale Theorie zieht den (doch sehr starken) psychologischen Unterschied zwischen Gewinn und Verlust nicht in Betracht. Sollen wir also einfach auf diese Theorie pfeifen? Das können wir leider nicht, denn fundamentale mathematische Theoreme versichern uns, daß *nur* die rationale Theorie *zuverlässig* vor unvernünftigen Wetten und ausgebufften Buchmachern schützt. Bleiben wir dagegen bei unseren impulsiven Entscheidungen, bewahrt uns nichts davor, für unsere Gegner zur «Geldpumpe» zu werden. Deshalb ist es nur gut, daß die Wissenschaft weiterhin sowohl die «normalen» Regeln erforscht, denen wir bei unseren Entscheidungen folgen *sollten*, als auch die Status-quo-Regeln, nach denen wir *spontan* vorgehen.

Tunnel Nr. 3
Der Verknüpfungseffekt

Folgende kurze Personenbeschreibung wird Ihnen vorgelegt:

Louis ist 34 Jahre alt. Er ist intelligent, aber phantasielos, ein Gewohnheitsmensch, ordentlich, aber nicht sehr aktiv. In der Schule war er gut in Mathematik, aber schwach in den humanistischen und sozialwissenschaftlichen Fächern.

Aufgrund dieses knappen Persönlichkeitsprofils sollen Sie beurteilen (beziehungsweise raten), wie hoch die Wahrscheinlichkeit der folgenden Aussagen ist. Ihre Aufgabe besteht also darin, diese Aussagen in der Reihenfolge ihrer Wahrscheinlichkeit zu ordnen:

- Louis ist Arzt und spielt in seiner Freizeit Poker.
- Louis ist Architekt.
- Louis ist Buchhalter (Fall C).
- Louis spielt in der Freizeit in einer Jazzband (Fall J).
- Louis' Hobby ist Surfen.
- Louis ist Journalist.
- Louis ist Buchhalter und spielt in seiner Freizeit in einer Jazzband (Fall C & J).
- Louis' Hobby ist Bergwandern.

Natürlich kann diese Einschätzung nur vage, gefühlsmäßig sein, und es sind auch keine genauen Wahrscheinlichkeitswerte verlangt. Ordnen Sie die Aussagen einfach zu einer intuitiven Wahrscheinlichkeitsskala, angefangen mit der Aussage, die Ihnen am wahrscheinlichsten vorkommt.

Dann nehmen wir uns einen zweiten, ganz ähnlichen Fall vor:

Linda ist 31 Jahre alt, Single, freimütig und sehr intelligent. Sie hat ein Diplom in Philosophie. Als Studentin hatte sie sich gegen Rassendiskriminierung und soziale Ungerechtigkeit engagiert und nahm auch an Anti-Atom-Demonstrationen teil.

Auch hier sollen wir die folgenden Aussagen in der Reihenfolge ihrer Wahrscheinlichkeit ordnen:

- Linda unterrichtet in einer Grundschule.
- Linda arbeitet in einer Buchhandlung und nimmt Yoga-Unterricht.
- Linda ist aktive Feministin (Fall F).
- Linda ist Sozialarbeiterin.
- Linda ist Mitglied in einer Wählerorganisation für Frauen.
- Linda arbeitet in einer Bank (Fall B).
- Linda ist Versicherungsvertreterin.
- Linda ist Bankangestellte und aktive Feministin (Fall B & F).

Ich bin sicher, daß die meisten von Ihnen im Beispiel Louis Fall C & J für wahrscheinlicher halten als Fall J. Und was Linda betrifft, wird Fall B & F von den meisten eine größere Wahrscheinlichkeit zugesprochen als Fall B.

Alle, oder fast alle entscheiden wir so, und doch liegen wir damit falsch. Denn die Wahrscheinlichkeit, daß *zwei* Ereignisse zugleich eintreten (die Wahrscheinlichkeit einer «Konjunktion», wie es im Fachjargon heißt), ist *grundsätzlich* geringer als die Wahrscheinlichkeit jedes dieser Ereignisse allein. Wenn wir auch nur einen Augenblick darüber nachdenken, wird uns sofort klar: Die Wahrscheinlichkeit, daß Louis in seiner Freizeit Jazzmusik macht und dabei irgendeinen x-beliebigen Beruf ausübt – oder auch gar keinen (in Fall J wird ja außer der Freizeitbeschäftigung nichts weiter genannt) –, *muß* größer sein als die Wahrscheinlichkeit, daß er Buchhalter ist *und* in seiner Freizeit Jazz spielt. Das gleiche gilt natürlich auch für Linda. Es ist viel wahrscheinlicher, daß Linda Bankangestellte ist und sich für irgend etwas x-Beliebiges oder auch für gar nichts engagiert (im Fall B wird keine Angabe darüber gemacht), als daß sie Bankangestellte *und* zugleich aktive Feministin ist. Trotzdem hielten die meisten Versuchspersonen in einer ganzen Reihe solcher Tests von Tversky und Kahneman die miteinander verknüpften Aussagen für wahrscheinlicher als eine der beiden Einzelaussagen.

Bei den Louis- und Lindatests stellten die Probanden im Schnitt folgende Wahrscheinlichkeitsskala auf:

Für Louis:
Fall C wahrscheinlicher als Fall C & J, dieser wiederum wahrscheinlicher als Fall J.
Für Linda:
Fall F wahrscheinlicher als Fall B & F, dieser wiederum wahrscheinlicher als Fall B.

Erstaunlicherweise gab es keinen großen Unterschied zwischen den Antworten von Laien, die keine Ahnung von der Wahrscheinlichkeitsrechnung hatten, und denen von Statistikexperten. Ein kleiner Unterschied machte sich aber doch bemerkbar: Leute, die ein bißchen Ahnung von Statistik hatten, irrten sich häufiger als blutige Laien und auch häufiger als erfahrene Statistiker, die dennoch fast genausooft falsch lagen wie die Laien. Die Unterschiede sind, wie gesagt, sehr gering. Das verblüffende ist, daß 85 Prozent *aller* Versuchsteilnehmer irren. Sie alle fallen auf den Verknüpfungseffekt herein.

(Die genauen Ergebnisse dieses Experiments stehen auf Seite 159 f).

Mit Hilfe entsprechend abgewandelter Tests stellten Tversky und Kahneman fest, daß dieser Effekt auch bei Ärzten, Generälen, Politikern und Ingenieuren wirkt, und zwar selbst dann, wenn es um Fragen aus deren speziellem Fachgebiet geht. So hielten Ärzte das gleichzeitige Auftreten zweier Symptome, die sich häufig gemeinsam zeigen (zum Beispiel Brechreiz und Kopfschmerzen), für wahrscheinlicher als das Auftreten jedes dieser Symptome für sich. Auch mit amerikanischen Politikern und Militärs machten Tversky und Kahneman ein entsprechendes Experiment, den «Polenkrise-Test» (auf den ich in einem späteren Kapitel eingehen werde). Der Verknüpfungseffekt ist einer der geläufigsten und tiefsten mentalen Tunnel. Eine Entdeckung, die Anlaß zur Sorge gibt, und ein Grund, auf der Hut zu sein!

Wie ist es möglich, daß über 80 Prozent aller Menschen, Statistikexperten eingeschlossen, einem so gewaltigen Irrtum erliegen?

Vielleicht haben Sie ja schon seit einer Weile eine Hypothese parat, die diesen Verknüpfungseffekt *scheinbar* erklärt, und es könnte dieselbe sein, die einige Psychologen zum Teil sehr entschieden gegen die Tests von Tversky und Kahneman vorbrachten: die Testergebnisse, argumentierten sie, seien auf sprachliche Mißverständnisse zurückzuführen. Die Teilnehmer am Louis-Test könnten zum Beispiel Fall J auch so verstehen, daß Louis in seiner Freizeit Jazzmusik macht, *aber nicht Buchhalter ist*. Ebenso könne man beim Linda-Test annehmen, Fall B besage, daß Linda Bankangestellte, *aber nicht aktive Feministin ist*. Und die befragten Ärzte könnten meinen, sie hätten die Wahrscheinlichkeit von Kopfschmerzen *ohne Übelkeit* zu beurteilen. Und so weiter. Diesen Kritikern zufolge kommt der Verknüpfungseffekt also zustande, weil wir davon ausgehen, daß für den Fall, in dem die eine Möglichkeit eintritt, die andere *ausgeschlossen* ist. Da beim Linda-Test Fall B besagt, Linda sei Bankangestellte, Fall B & F hingegen, Linda sei aktive Feministin und Bankangestellte, gingen die Probanden nach Meinung der Kritiker davon aus, Fall B bedeute implizit, daß Linda Bankangestellte ist, aber nicht (zugleich) aktive Feministin. Auf diese Weise komme das anomale *ranking* zustande.

Wäre diese Kritik wirklich gerechtfertigt, würden wir angesichts der Personenbeschreibungen von Louis und Linda und auch im Fall des Syndroms Kopfschmerzen und Übelkeit dazu neigen, einen bestimmten *Komplex* von Tatsachen für wahrscheinlicher zu halten als eine Tatsache *ohne* die andere. Die Formulierung des Tests wäre in diesem Fall also irreführend, der Verknüpfungseffekt nicht existent, und wir bräuchten uns keine Sorgen zu machen. Aber ist dieser Einwand berechtigt?

Nein, in Wirklichkeit ist er nicht stichhaltig. Vor allem deshalb nicht, weil die Mehrheit der Befragten ja einen Fall als am wahrscheinlichsten einstuft, der nur *eine* Aussage enthält. Erst dann kommt die verknüpfte Aussage, wiederum gefolgt von einer Einzelaussage. Würden alle Probanden tatsächlich annehmen, die Aussagen C, J, F und B enthielten insgeheim die Negation beziehungsweise den Ausschluß der anderen Aussage, dann müßte die verknüpfte Aussage an oberster und nicht erst an zweiter Stelle stehen. Außerdem wäre es schon sehr seltsam, wenn sich dieser sprachliche Effekt einer impliziten Verneinung der anderen Aussage nur in einem Fall (J für Louis und B für Linda), nicht aber im anderen auswirken würde. Beachten Sie bitte auch, daß bei der Personenbeschreibung die verknüpften Aussagen immer an *letzter* Stelle stehen, eben um solche sprachlich bedingten verfälschenden Effekte zu vermeiden. Schon allein diese Betrachtungen entkräften die obigen Einwände.

Einen anderen Einwand hat jüngst der deutsche Psychologe Gerd Gigerenzer (zur Zeit Professor an der Universität Chicago) erhoben. Er behauptet, zum Verknüpfungseffekt komme es *nur*, wenn wir im Fall einer Einzelperson (Louis oder Linda) zu entscheiden haben. Seiner Meinung nach läßt sich der Wahrscheinlichkeitsbegriff auf einen solchen Fall überhaupt nicht anwenden. Die von Gigerenzer und seinen Mitarbeitern gesammelten Daten beziehen sich zwar auch auf ähnliche Personenporträts wie die von Louis und Linda, es wird aber nach der Wahrscheinlichkeit gefragt, mit der sie auf *Gruppen* von einhundert Personen zutreffen, also zum Beispiel einhundert Bankangestellte, einhundert Feministinnen, einhundert Jazzmusiker etc. Es handelt sich also um Wahrscheinlichkeitsaussagen über «Kollektive», nicht über einzelne (wie Louis und Linda). Gigerenzers Daten bestätigen im Grunde, was auch Tversky und Kahneman bei ähnlichen Experimenten beobachtet hatten, daß nämlich der Verknüpfungseffekt *verschwindet*, sobald über «Gruppenwahrscheinlichkeiten» zu entscheiden ist. Gigerenzers Attacke gegen Tversky und Kahneman stützt sich auf Daten und Erwägungen dieser Art. Ich habe nur der Vollständigkeit halber auf diese Kritik hingewiesen, will hier aber nicht näher darauf eingehen.

In der Tat gibt es sehr schlagkräftige Argumente gegen die Einwände Gigerenzers und seiner Mitarbeiter. Anders als diesen erscheint es uns durchaus sinnvoll, ein Wahrscheinlichkeitsurteil über die Berufstätigkeit oder das Hobby oder das politische Engagement eines einzelnen abzugeben. Wenn es wirklich sinnlos wäre, wie Gigerenzer und vor ihm auch manche Wahrscheinlichkeitstheoretiker behauptet haben, die Wahrscheinlichkeit eines einzelnen Ereignisses zu schätzen, dann haben wir es hier wohl mit einer unserer größten und *interessantesten* kognitiven Täuschungen zu tun. Uns gewöhnlichen Sterblichen erscheint es keineswegs sinnlos, und wir können auch sagen weshalb und sind sogar bereit, Wetten über die Wahrscheinlichkeit eines bestimmten Ereignisses abzuschließen. Erliegen wir da wirklich einer Täuschung? Es gibt eine streng «objektivistische» und «frequentistische» Auslegung der Wahrscheinlichkeit, wie sie früher zum Beispiel von Richard von Mises, Ronald A. Fisher, Jerzy Neiman und anderen vertreten wurde. Aber es gibt auch eine «subjektivistische» Wahrscheinlichkeitsinterpretation, nicht weniger überzeugend verfochten von dem Italiener Bruno de Finetti und von Leonard James Savage. Es geht dabei um wirklich «abstruse» und komplizierte Probleme, die Grundfragen der Statistik betreffen. Damit möchte ich den Leser hier aber nicht langweilen. Ob es wirklich «keinen Sinn» hat, von der Wahrscheinlichkeit eines einzelnen Ereignisses zu sprechen, bleibt jedenfalls noch zu beweisen. Wir alle glauben intuitiv, daß es sehr wohl einen Sinn hat, und einige große Wahrscheinlichkeitstheoretiker bestätigen uns in dieser Auffassung. Wahrscheinlichkeiten falsch einzuschätzen ist eines, die Gültigkeit jedweder Wahrscheinlichkeitsschätzung abzustreiten, wie es Gigerenzer und einige Mitstreiter tun, etwas ganz anderes. Der Wert der Entdeckungen von Tversky, Kahneman und vielen anderen wird durch diese und frühere Einwände nicht gemindert.

Vielleicht war der Verknüpfungseffekt auch deshalb so umstritten, weil gewisse Leute nicht gern einräumen, daß die menschliche Spezies so wenig rational denkt. Zahlreiche Experimente, darunter der berühmte Linda-Test, haben indes gezeigt, daß diese Irrationalität im menschlichen Denken nun mal existiert, und es ist besser, sie zur Kenntnis zu nehmen, als das Offenkundige zu leugnen.

Der Einwand des sprachlichen Mißverständnisses wird spontan sehr oft erhoben. Ich konnte ihn deshalb nicht mit Stillschweigen übergehen, will ihn hier aber auch nicht bis in die letzte Einzelheit widerlegen. Wichtig ist nur, daß er nicht überzeugend ist und daß man die Ursachen des Verknüpfungseffektes lieber woanders suchen sollte – nicht im Gebrauch und in den Fallstricken der Sprache, sondern vielmehr in psychologischen Fallstricken ganz anderer Art, nämlich dem berüchtigten, allmächtigen Einfluß des «Typischen», den wir bereits auf Seite 47 ff kennengelernt haben und dem wir später erneut begegnen werden.

Der Verknüpfungseffekt stellt sich ein, weil uns wahrscheinlicher vorkommt, was wir uns leichter vorstellen können, was uns also *typischer* erscheint. Die Aussage, daß Louis Buchhalter *und* Jazzmusiker ist und Linda Bankangestellte *und* Feministin, ist für uns anschaulicher als eine einzelne Aussage, und **wir glauben, auf diese Weise wenigstens *einige* der in der Personenbeschreibung enthaltenen Informationen auszunutzen.** Denn zu unserer Vorstellung von Louis als Buchhalter passen viele der Angaben zu seiner Person: wenig Phantasie – gut in Mathematik – nicht sehr aktiv ... Das gleiche gilt auch für Linda. Wenn wir sie uns als aktive Feministin vorstellen, bedienen wir uns *vieler* der in ihrem Steckbrief enthaltenen Informationen: sie hat ein Diplom in Philosophie – engagierte sich gegen Rassendiskriminierung – nahm an Demonstrationen teil ... So stehen denn auch die Aussagen «Louis ist Buchhalter» und «Linda ist Feministin» ganz oben in der intuitiven Bewertungsskala. Dagegen deutet im Steckbrief von Louis nichts auf Jazzmusik und in dem von Linda nichts auf einen Bankberuf hin. Einige Punkte in den Personenprofilen scheinen uns sogar eher gegen einen Hang zur Jazzmusik beziehungsweise gegen eine Tätigkeit in der Bank zu sprechen. Wir finden Jazzmusik für Louis beziehungsweise eine Banktätigkeit für Linda nicht gerade naheliegend, wenig plausibel oder gar abwegig, also *nicht sehr typisch*. **Wenn Urteile über Typisches mitwirken, und mögen sie auf noch so schwachen Indizien basieren, kümmern wir uns nicht um objektive Wahrscheinlichkeiten.** Deshalb rangiert Jazz allein (im Fall Louis) und Banktätigkeit allein (im Fall Linda) in unserer Wahrscheinlichkeitsskala an *letzter* Stelle. Dabei ist es uns egal, wie groß die objektive, demographische, statistisch nachweisbare Wahrscheinlichkeit der jeweiligen Berufe und Freizeitaktivitäten ist. Jede mit der Personenbeschreibung *vereinbarte* und in der heutigen Gesellschaft ziemlich verbreitete Freizeitaktivität müßte von uns eine gute Wahrscheinlichkeitsbewertung erhalten. Denn es ist viel wahrscheinlicher, daß eine Einzelaussage richtig ist, als daß zwei verschiedene Aktivitäten oder Berufe oder Eigenschaften gleichzeitig auf ein und dasselbe Individuum zutreffen. Aber für diese Tatsache sind wir blind. Schließlich verwenden die beiden verknüpften Aussagen wenigstens *einige* der in den Steckbriefen enthaltenen Informationen und retten *einige* der intuitiven Kriterien des Typischen. Und deshalb halten wir sie intuitiv für wahrscheinlicher – entgegen der simpelsten Wahrscheinlichkeitsrechnung. Es handelt sich hier also weder um einen sprachlichen «Effekt» noch, mit Gigerenzers Erlaubnis, um eine regelwidrige Anwendung des Wahrscheinlichkeitsbegriffes, sondern um eine klare und symptomatische Manifestation der psychologischen Wirkung des Typischen.

Der Verknüpfungseffekt existiert also wirklich, und er ist nahezu allgegenwärtig, höchst befremdend und sehr besorgniserregend. Und gerade weil er eng mit unserem vom Typischen geprägten spontanen Denken zusammenhängt, mündet er in einen anderen weitverbreiteten und nicht minder beunruhigenden mentalen Tunnel, nämlich in den der Mißachtung der Grundhäufigkeiten (*neglect of base rates*), den ich Ihnen als nächstes zeigen will.

Tunnel Nr. 4
Die Mißachtung der Grundhäufigkeiten

Wir haben gerade gesehen, wie stark wir uns, ohne es zu merken, von vagen Eindrücken und dürftigen biographischen Angaben beeinflussen lassen. Denn die «Steckbriefe» von Louis und Linda sind im Grunde nicht mehr als unbestimmte, allgemeine Aussagen, wie wir sie vielleicht von einem Kollegen von Louis oder einem ehemaligen Kommilitonen von Linda gehört haben könnten. Sie werden einwenden, es stünden ja keine weiteren Informationen zur Verfügung und so müsse man sich an das halten, was man wisse, und sei es noch so vage.

Ich werde Ihnen zeigen, daß wir in die gleiche Falle tappen, *auch wenn wir mehr Informationen haben*. Die Crux ist eben, daß wir nicht sämtliche für das jeweilige Problem nötigen Kenntnisse verwenden, obwohl wir darüber verfügen. Die gefährlichen kognitiven Täuschungen, die wir bisher kennengelernt haben (Wirkung des Typischen, Rahmeneffekt, Verankerung und Segregation), wirken oft zusammen und verbünden sich zusätzlich mit einem weiteren, häufigen und tückischen *bias*, den ich Ihnen jetzt anhand der folgenden, zu Klassikern der modernen Kognitionswissenschaften gewordenen Beispiele zeige.

Peter ist ordentlich, ja pingelig, und sehr besonnen. Er trägt eine Brille mit dicken Gläsern und liest gern.

Auch hier sollte geschätzt werden, mit welcher Wahrscheinlichkeit Peter bestimmte Berufe ausübt. Die Liste, auf der wohlgemerkt keine Doppelaussagen oder Verknüpfungen vorkamen, enthielt auch die Berufe «Landwirt» und «Bibliothekar».

Ist Peter mit größerer Wahrscheinlichkeit Landwirt oder Bibliothekar?

Aufgrund der Personenbeschreibung werden wir uns ohne langes Zögern für die Hypothese «Bibliothekar» entscheiden, ja wir würden sogar darauf wetten. Wir sehen ihn viel eher in einer Bibliothek als im Kuhstall.

Sicher ahnen Sie bereits, daß auch diesmal wieder der Effekt des Typischen zum Tragen kommt. Die Beschreibung von Peter entspricht viel eher dem Bild des Bibliothekars als dem des Bauern. Und *mangels weiterer Informationen* verlassen wir uns auf unsere Intuition und auf das, was uns typisch erscheint, oder?

In Wirklichkeit aber verfügen wir sehr wohl über weitere Informationen. Wir haben nämlich eine Vorstellung davon, wie sich der Beruf des Landwirts sozusagen demographisch zu dem des Bibliothekars verhält. Wir kennen zwar keine genauen Zahlen, wissen aber immerhin, daß es *mehr* Landwirte als Bibliothekare gibt. Sogar sehr viel mehr, wenn wir es recht bedenken. Nehmen wir an, auf einen Bibliothekar kommen hundert Landwirte (in Wirklichkeit sind es noch viel mehr – in den USA betrug das Verhältnis zur Zeit, als Tversky und Kahneman ihren Test durchführten, mehr als tausend zu eins). Wäre es, gerade weil wir so *wenig* über Peter wissen, nicht viel vernünftiger, auf das objektive demographische Verhältnis zu setzen, anstatt auf das, was uns typisch erscheint? Es ist mindestens hundertmal wahrscheinlicher, daß Peter Landwirt ist, als daß er in einer Bibliothek arbeitet. Diese Tatsache sollte unser Entscheidungskriterium sein, ganz gleich, ob Peter eine Brille trägt oder nicht, ob er ordentlich ist oder nicht, ob er gern liest oder nicht. Warum sollte ein Landwirt nicht ordnungsliebend sein, eine Brille mit dicken Gläsern tragen und gern lesen? Warum spielt das objektive Zahlenverhältnis, das wir nicht genau, aber doch ungefähr kennen, bei unserer Entscheidung überhaupt keine Rolle? Obwohl in irgendeinem Winkel unseres Kopfes die Information steckt, daß es weit mehr Landwirte als Bibliothekare gibt, setzen wir dieses Wissen nicht ein. Wir lösen das Problem aus seinem demographischen Umfeld heraus, vertrauen hauptsächlich auf unser Typizitätsurteil (oder vielmehr auf Vorurteile, auf karikaturhafte Vorstellungen von Bibliothekaren und Landwirten) und liegen damit wieder einmal völlig falsch – obwohl wir es dank der Informationen, über die wir *bereits verfügten*, besser hätten wissen müssen!

Dieser mentale Tunnel, der sich recht präzise definieren läßt, wird Mißachtung der Grundhäufigkeiten genannt. Ich werde Ihnen noch weitere Varianten vorstellen.

Experimentell nachgewiesen wurde die Existenz und psychologische Wirkkraft dieser falschen Denkweise durch einen anderen Versuch. Den Teilnehmern wurde eine Reihe ähnlich kurzer Personenbeschreibungen wie im eben geschilderten Fall Peter vorgelegt. Hier zwei Beispiele aus dieser Liste:

Rossi arbeitet sorgfältig und genau. Er ist ein gewandter Zeichner und Rechner. Auf dem Gymnasium hatte er gute Noten in Mathematik.

Bianchi ist kontaktfreudig und redegewandt und weiß seine Zuhörer zu überzeugen. Auf dem Gymnasium war er gut in Geschichte und in den humanistischen Fächern.

Den Probanden wurde gesagt, daß 70 Prozent (!) der Personenbeschreibungen die von Ingenieuren und 30 Prozent die von Rechtsanwälten sind. Es sollte geraten werden, welche der geschilderten Personen Anwälte und welche Ingenieure sind.

Aus dem Fall Peter klug geworden, ahnen wir bereits, was geschieht: Rossi wird als Ingenieur eingestuft, Bianchi dagegen als Anwalt, ungeachtet dessen, daß auch ein Ingenieur durchaus kontaktfreudig und ein Anwalt gut in Mathematik sein kann. Unsere Urteile darüber, was typisch ist (oder auch die Klischees in unserem Kopf), sind einfach stärker.

Die bemerkenswerteste Entdeckung machten die Wissenschaftler jedoch, als der Versuch mit einer anderen Testgruppe wiederholt wurde. Diesmal wurde den Probanden gesagt, es handle sich um *siebzig Anwälte und dreißig Ingenieure*. Die Ergebnisse waren praktisch gleich! Die beim Test ausdrücklich angegebene Grundhäufigkeit von Ingenieuren und Anwälten *zählt also für uns überhaupt nicht*. Wir klassifizieren Personen, von denen uns nur vage Beschreibungen vorliegen, einzig und allein aufgrund des vermeintlich Typischen. *Auch wenn wir mehr wissen*, folgen wir allein unseren mentalen Klischees, unseren karikaturhaften Vorstellungen. Die elementare demographische Tatsache, eben die Grundhäufigkeit von Ingenieuren und Rechtsanwälten, wird von uns schlicht ignoriert. Wir haben es mit einem klaren Fall von Mißachtung der Grundhäufigkeiten zu tun.

An dieser Stelle darf nicht unerwähnt bleiben, wie stark dieser Effekt unbewußt bei der Entstehung von *unkorrigierbaren* Vorurteilen gegenüber bestimmten Bevölkerungsgruppen und Kulturen, aber auch gegenüber Einzelpersonen mitwirkt. Rassismus nährt sich natürlich aus verschiedenen Quellen, hier aber liegt eine von ihnen. Da unsere Mißachtung der *realen* Grundhäufigkeiten nicht von Ideologien und politischen Doktrinen abhängt, ist diese kognitive Quelle von Vorurteilen besonders tückisch. Auf das gefährliche, oft unbewußte Zusammenwirken solcher Fehlurteile und den eigentlichen Ideologien werde ich später etwas näher eingehen.

Tunnel Nr. 5
Der Fall «Geburtsabteilung»

In einer Stadt gibt es zwei Krankenhäuser mit Geburtsabteilung. Das eine ist deutlich größer als das andere. Im größeren Krankenhaus werden täglich etwa fünfundvierzig Kinder geboren, im kleineren rund fünfzehn. Man beschließt, ein Jahr lang in jedem der beiden Krankenhäuser die Tage zu notieren, an denen mehr als 60 Prozent der Neugeborenen Jungen beziehungsweise Mädchen waren.

Welches Krankenhaus notiert Ihrer Meinung nach mehr solcher Tage?

Bevor Sie antworten, hier noch ein paar Erläuterungen. Selbstverständlich beträgt das Verhältnis zwischen Jungen und Mädchen normalerweise etwa 50 Prozent; ebenso selbstverständlich ist aber auch, daß nicht jeden Tag *genau* die Hälfte aller Neugeborenen Jungen sind. An manchen Tagen wird der Prozentsatz über 50 Prozent, an anderen darunter liegen. Die Klinik vermerkt nur die Tage, an denen mindestens 60 Prozent eines Geschlechts zur Welt kommen.

Überlegen Sie sich die Antwort gut und versuchen Sie, diese auch zu begründen, bevor Sie weiterlesen. (Die Antworten der Teilnehmer an den von Tversky, Kahneman und Bar-Hillel durchgeführten und als *maternity ward* bekanntgewordenen Versuchen finden Sie auf Seite 160 f.)

Haben Sie alles bedacht? Wie Ihre Antwort auch lautet – wir formulieren die Frage jetzt einmal etwas anders (wie es die israelische Psychologin Maya Bar-Hillel getan hat). Nehmen wir an, in den beiden Krankenhäusern werden die Tage festgehalten, an denen *alle* Neugeborenen Jungen sind. Welche Klinik notiert wohl mehr solcher Tage? Überlegen Sie.

An dieser Stelle wurden mehr als die Hälfte der Versuchsteilnehmer stutzig, und ich nehme an, daß es auch Ihnen so geht. Warum, will ich hier noch nicht verraten. Ich sage nur soviel: Schon *allein* aufgrund dieser zwei Fragen merken viele, ja sogar die meisten von uns, daß an ihrer ersten Überlegung irgend etwas nicht stimmte. Kann es sein, so fragen wir uns, daß sich das, was für 60 Prozent gilt (60 Prozent aller Neugeborenen sind Jungen), für 100 Prozent (alle Neugeborenen sind Jungen) plötzlich ganz anders verhält? Und wie sähe unsere Antwort aus, wenn die Tage verzeichnet würden, an denen 80 Prozent Jungen zur Welt kommen?

Wir fangen an, klarer zu sehen, überdenken unsere erste Entscheidung und kommen möglicherweise auf die richtige Antwort.

Die Täuschung, der viele von uns bei Problemen dieser Art erliegen, ist es wert, eingehender behandelt zu werden:

Der biologische Vorgang, durch den das Geschlecht eines Kindes festgelegt wird, hängt nicht vom Krankenhaus ab, in dem es geboren wird. Soweit ist unsere Intuition natürlich richtig. Nur ziehen wir daraus einen völlig falschen Schluß. Denn die Wahrscheinlichkeit, daß gleich viele Jungen wie Mädchen geboren werden, liegt aus biologischen Gründen zwar ziemlich nah bei 50 Prozent, doch geht es bei unserer Frage um eine *statistische Schwankung*. Für die Lösung des Problems ist es *irrelevant*, daß die Wahl der Klinik nichts mit dem Geschlecht eines Kindes zu tun hat. Eine bestimmte Abweichung von der Norm (in unserem Fall 10 Prozent) ist um so wahrscheinlicher, je *kleiner* die Stichprobe ist. Wir dürfen nicht die (in unserem Fall biologischen) *Ursachen* eines Phänomens mit der Wahrscheinlichkeit einer zufälligen Schwankung ihrer *Folgen* verwechseln. Das aber erkennen wir nicht, wir tun uns schwer, Ursachen und Folgen auseinanderzuhalten, und erliegen damit einer weitverbreiteten kognitiven Täuschung, die sich auch anhand des folgenden Beispiels demonstrieren läßt:

1. Wie groß ist die Wahrscheinlichkeit, daß die Tochter blaue Augen hat, wenn die Augen der Mutter blau sind?
    2. Wie groß ist die Wahrscheinlichkeit, daß die Mutter blaue Augen hat, wenn die Augen der Tochter blau sind?

In wiederholten Tests wurde festgestellt, daß die meisten Befragten Fall 1 für wahrscheinlicher halten als Fall 2. Doch darin irren sie. Eine statistische Korrelation muß zweigleisig, also symmetrisch sein. Der «diagnostische Wert» der Augenfarbe der Tochter ist bei der Schätzung der Wahrscheinlichkeit der Augenfarbe der Mutter genau derselbe wie der diagnostische Wert der Augenfarbe der Mutter bei der Schätzung der Wahrscheinlichkeit der Augenfarbe der Tochter. Diese ganz «symmetrische» Wahrscheinlichkeitsrechnung basiert auf den Gesetzen der Genetik. Es ist zwar richtig, aber *völlig irrelevant*, daß die Augenfarbe der Mutter eine Ursache für die Augenfarbe der Tochter ist, während die Augenfarbe der Tochter natürlich *keine* Ursache für die Augenfarbe der Mutter ist. **Die objektiven Häufigkeitskorrelationen spiegeln *nicht* dieses asymmetrische Verhältnis zwischen Ursachen und Wirkungen wider.** Doch das wollen wir nicht wahrhaben. Eine allgemeine Ursache erscheint uns «diagnostischer» für ihre allgemeinen Folgen als diese für die allgemeine Ursache. Es fällt uns schwer einzusehen, daß die Pfeilrichtung – *von der Ursache zur Wirkung* – für eine statistische Korrelation (oder eine «diagnostische» Indikation, wie es aus leicht ersichtlichen Gründen in der Fachsprache heißt) überhaupt keine Rolle spielt. Wir haben es mit einer kognitiven Täuschung zu tun, wie uns auch der Fall der Geburtsabteilung gezeigt hat.

Sehen wir diese kognitive Täuschung im Zusammenhang mit dem Typizitäts- und dem Rahmeneffekt, dann verstehen wir auch, wie der nun folgende klassische Fall von Ralph and Jane, im Deutschen vielleicht Heinz und Vanessa, zustande kommt. Vanessa beklagt sich, daß Heinz ihr beim Tanzen auf die Füße tritt. Heinz indes behauptet, ein erfahrener Tänzer zu sein. Wie finden wir heraus, wer von beiden schuld ist? Wir fragen die anderen Tanzpartnerinnen von Heinz, ob er ihnen auch auf die Füße tritt. Kaum jemand hält es dagegen für *genauso* wichtig nachzuprüfen, ob auch *andere* Tänzer Vanessa und vielleicht *nur* ihr auf die Füße treten. Träfe dies zu, dann wäre der arme Heinz unschuldig und es läge am ungeschickten Tanzstil von Vanessa, daß ihr auf die Füße getreten wird. Der «Rahmeneffekt» bewirkt, daß wir auch diesen Fall aus nur einer Perspektive betrachten. Wir sehen nur die Beziehung zwischen Heinz, dem auf die Füße Tretenden, und Vanessa, der Getretenen, und verrennen uns auch gleich noch in den nächsten Tunnel, den der diagnostischen Asymmetrie zugunsten der Ursache und zuungunsten der Wirkungen. Der Typizitätseffekt, das Klischee in unserem Kopf, tut ein übriges: Männer sind plump und täppisch, Frauen graziös und geschickt. Auch die Namen wirken bei der Klischeebildung mit: Unter Heinz stellen wir uns eher einen Tölpel vor, Vanessa hingegen klingt mehr nach feiner Dame. Wir kommen gar nicht auf die Idee, daß es Vanessas Schuld sein könnte, wenn Heinz ihr beim Tanzen auf die Füße tritt. Armer Heinz! Aber auch wir sind zu bedauern, weil wir uns so täuschen lassen!

Tunnel Nr. 6
Tücken der Wahrscheinlichkeit

Das Beispiel der Geburtsabteilung mag uns amüsiert haben, besorgniserregend schien es uns wohl nicht. Im wirklichen Leben haben wir mit solchen Problemen ohnehin nichts zu tun. Auch der schon realistischere Fall von Heinz und Vanessa ist eher komisch. Jetzt aber kommen wir zu einigen sehr wirklichkeitsgetreuen Fällen, in welchen dieselben Fehlurteile und Irrtümer tatsächlich Anlaß zur Besorgnis geben.

Nachdem wir schon eine ganze Reihe kognitiver Täuschungen kennengelernt haben, glauben wir vielleicht, mittlerweile dagegen gefeit zu sein. Wir werden aber sehen, daß wir in die gleichen Fehler verfallen, sobald sich ein Problem auf etwas andere Weise stellt.

Ein medizinischer Test, mit dem eine bestimmte Krankheit nachgewiesen werden kann, ist bei einem Patienten positiv.
Sie wissen, daß
(a) der Test zu 79 Prozent zuverlässig ist;
(b) die Häufigkeit der betreffenden Krankheit in der Bevölkerungs- und Altersgruppe, zu der dieser Patient gehört, bei 1 Prozent liegt.
Wie hoch ist Ihrer Meinung nach die Wahrscheinlichkeit, daß der Patient *tatsächlich* an dieser Krankheit leidet?

Lesen Sie erst weiter, wenn Sie sich die Antwort gut überlegt haben.

Vielleicht merken Sie bereits, daß Sie sich in einer Schlußweise verfangen, die schon von Tunnel Nr. 5 her bekannt ist: **ein Trugschluß, der uns Ursachen mit Wahrscheinlichkeiten verwechseln läßt**. Man geht von einer richtigen Intuition aus, folgert dann aber falsch. Es gibt sogar Leute, die glauben, daß die Information (b) nur gegeben wird, um uns zu verwirren. Denn was interessiert uns, so denken sie naiv, die durchschnittliche Wahrscheinlichkeit (oder Häufigkeit) einer Krankheit, wenn ein Test durchgeführt wurde, der positiv war? Hängt die Zuverlässigkeit eines Tests etwa von der statistischen Häufigkeit einer Krankheit in einer bestimmten Bevölkerungsgruppe ab, von einer Größe also, die unabhängig von diesem Test ermittelt wurde, und zwar *bevor* sich unser Patient testen ließ? Natürlich nicht! Die Zuverlässigkeit ist eine Eigenschaft des Tests, die von den biochemischen Besonderheiten der Gewebe, der Zellen und Moleküle und von den verwendeten Apparaturen abhängt und nichts mit demographischen Durchschnittswerten zu tun hat. Genau so argumentieren viele Leute und antworten dann ziemlich überzeugt, die Wahrscheinlichkeit, daß der Patient an der betreffenden Krankheit leidet, sei 79 Prozent.

Andere messen Information (b) eine gewisse Bedeutung bei und erkennen intuitiv (richtig), daß die Information über die Zuverlässigkeit des Tests in Zusammenhang mit der Grundwahrscheinlichkeit innerhalb einer bestimmten Bevölkerung zu sehen ist und daß man nur so die effektive Wahrscheinlichkeit erhält, mit der unser Patient an besagter Krankheit leidet. Aber selbst in diesem Fall wird die Wahrscheinlichkeit auf über 50 Prozent geschätzt, wie sich bei ähnlichen, mit amerikanischen Ärzten durchgeführten Tests gezeigt hat. Wenn ein positives Testergebnis vorliegt, halten wir alle es für wahrscheinlicher, daß der Patient die Krankheit hat, als daß er sie nicht hat.

Die statistisch korrekte, anhand der sogenannten Bayesschen Formel (siehe Seite 98 sowie die Lösung auf Seite 161 ff) ermittelte Antwort lautet dagegen 7 Prozent. Sie haben richtig gelesen: 7 Prozent!

Unglaublich, nicht wahr? Das kann gar nicht sein, wird manch einer sagen. Entweder ist die Rechnung falsch, oder die Bayessche Formel läßt sich auf diesen Fall nicht anwenden, und überhaupt hat es dann ja *gar keinen Sinn, solche Tests zu machen*. Da wird ein zu 79 Prozent zuverlässiger Test durchgeführt, das Ergebnis ist positiv ... und die Wahrscheinlichkeit, daß der Patient tatsächlich krank ist, soll bei nur 7 Prozent liegen? Da stimmt doch etwas nicht!

In der Tat! Was nicht stimmt, ist aber nicht die Statistik und nicht der Test und auch nicht die Bayessche Formel. *Was nicht stimmt, ist unsere Intuition, wenn es um die Einschätzung von Risiken und Wahrscheinlichkeiten geht.* (Die exakte Rechnung findet sich auf Seite 162 f.) Was uns hier solche Schwierigkeiten macht, werden wir gleich genauer sehen. Eines aber sollte uns schon jetzt wundern: Warum berührt es uns so wenig, daß durch den Test die Krankheitswahrscheinlichkeit fast achtmal größer ist? Was verlangen wir eigentlich von einem Test? Das wahrhaft Unglaubliche ist, daß wir eine Wahrscheinlichkeit von 1 Prozent für «praktisch das gleiche» halten wie eine von 8 Prozent. Wir werden auf diese Punkte noch einmal zurückkommen und sehen, daß sich Fälle wie dieser nur mit Hilfe der Bayesschen Formel rational und wissenschaftlich lösen lassen.

Ich weiß nicht mal, was die Bayessche Formel ist, werden Sie einwenden. Wie sollte ich die richtige Antwort finden, wenn ich gar nicht wußte, daß es überhaupt eine Formel zum Berechnen von Wahrscheinlichkeiten gibt? – Sie haben recht, und es hat auch niemand erwartet, daß Sie das Ergebnis *genau* herausfinden. Hätte Ihre Schätzung bei 10 oder auch 20 Prozent gelegen oder hätten Sie ganz ehrlich gesagt, daß Sie keine Ahnung haben, gäbe es überhaupt keinen Anlaß zur Besorgnis. Von einer kognitiven Täuschung, einem mentalen Tunnel könnte dann keine Rede sein. Tatsache aber ist, daß wir *glauben, die Antwort zu wissen*, uns aber ganz gewaltig verschätzen. Die richtige Antwort erscheint uns verblüffend, geradezu unglaublich. Auch die Schätzung derer, die nicht 79 Prozent angeben, liegt näher bei 60 als bei 7 Prozent, also fast neunmal zu hoch.

Die bereits bekannte Mißachtung der Grundhäufigkeiten und die Verwechslung der Ursachen mit den diagnostischen Korrelationen (diagnostisch in diesem Fall sogar im medizinischen Sinne) wirken in unheilvoller Weise zusammen und führen uns an der Nase herum, ohne daß wir es merken.

Mit dem folgenden, nicht minder besorgniserregenden Fall verlassen wir die Medizin und wenden uns der Rechtsprechung zu, wo grobe Fehlurteile ähnlich verheerende Folgen haben können wie in der Medizin.

Es handelt sich um den sogenannten Schöffenirrtum (*juror's fallacy*). Versuchen Sie sich in den Fall hineinzuversetzen. Schließlich kann jeder von uns als Geschworener zu einem Prozeß gerufen werden:

Sie sind Mitglied eines Schöffengerichts. Angeklagt ist ein Taxifahrer, der nachts bei stürmischem Wetter einen Passanten überfahren und, ohne ihm Hilfe zu leisten, Fahrerflucht begangen haben soll. Der Staatsanwalt plädiert auf schuldig und stützt sich dabei *ausschließlich* auf die Zeugenaussage einer Frau, die aus einer gewissen Entfernung von ihrem Fenster aus den

Unfall beobachtet hat. Die Dame behauptet, gesehen zu haben, wie ein blaues Taxi das arme Opfer überfuhr und dann davonraste. Der Angeklagte arbeitet für ein Taxiunternehmen, dessen Autos alle blau sind. Die Ermittlungen und die Gerichtsverhandlung haben folgendes ergeben:

1. In der Stadt, in der sich der Unfall ereignet hat, gibt es zwei Taxiunternehmen. Das eine hat nur blaue, das andere nur grüne Fahrzeuge. Etwa 85 Prozent aller Taxis, die sich in der Unfallnacht im Einsatz befanden, waren grün, rund 15 Prozent blau.

2. Vom Untersuchungsrichter durchgeführte Tests haben gezeigt, daß die Zeugin bei ganz ähnlichen Lichtverhältnissen wie in der Unfallnacht und aus der entsprechenden Entfernung in achtzig von hundert Fällen ein blaues von einem grünen Taxi unterscheiden kann.

Wie hoch ist aufgrund der Aussage der vereidigten Zeugin und aufgrund der Angaben 1 und 2 die Wahrscheinlichkeit, daß das Taxi *tatsächlich* blau war?

Würden Sie als Laienrichter den Angeklagten schuldig sprechen?

Unsere spontane Reaktion wird ähnlich sein wie im Fall des medizinischen Tests. Die Sehkraft der Zeugin hängt nicht von der Zahl der blauen und grünen Taxis ab, die in jener Nacht unterwegs waren, soviel ist sicher. Wir schließen also intuitiv, daß in Anbetracht einer Zeugenaussage, die zu 80 Prozent zuverlässig ist, die Wahrscheinlichkeit, daß das Taxi blau war, ebenfalls 80 Prozent beträgt. Eine ziemlich hohe Wahrscheinlichkeit, werden wir sagen. Ähnlich äußerten sich auch die meisten der von Tversky und Kahneman befragten Testpersonen, die die Wahrscheinlichkeit, daß das Taxi wirklich blau war, auf über 50 Prozent schätzten. Auch sie glaubten also, das Taxi sei eher blau als grün gewesen.

Nun sind Sie schon gewieft genug, um zu ahnen, daß auch dieser intuitive Schluß auf einer kognitiven Täuschung beruht. Denn auch hier ist nicht nur die Zuverlässigkeit der Zeugin zu berücksichtigen, sondern auch die *A-priori*-Wahrscheinlichkeit dessen, was die Dame in gutem Glauben behauptet gesehen zu haben. Wir müssen in unsere Berechnung also die berüchtigte und oft vernachlässigte «Grundhäufigkeit» einbeziehen, in diesem Fall die der Taxis, die in der Unfallnacht unterwegs waren. Die richtige Antwort, die ein verantwortungsbewußter Schöffe auf die obige Frage geben müßte, lautet 41 Prozent (die genaue Rechnung finden Sie auf Seite 163). Dank der Bayesschen Formel kommen wir also zu dem Ergebnis, daß der Unfallverursacher mit deutlich *geringerer* Wahrscheinlichkeit in einem blauen Taxi saß als in einem grünen. *Ohne* die Aussage der Zeugin betrüge die Wahrscheinlichkeit laut Punkt 1 magere 15 Prozent. *Durch die Zeugenaussage* «schnellt» sie hoch auf 41 Prozent, *aber nicht höher*. Wenn uns dies paradox oder wenig plausibel erscheint, so liegt das daran, daß in unserem Kopf mindestens zwei inzwischen wohlbekannte «Tunnel» zusammenwirken: die Mißachtung der Grundhäufigkeit und die Verwechslung der Ursache mit der diagnostischen Korrelation.

Der englische Philosoph David Hume, ein großer Empiriker, warnt uns, «daß kein Zeugnis zureicht, ein Wunder festzustellen, wofern das Zeugnis nicht solcher Art ist, daß seine Falschheit wunderbarer wäre als das Ereignis, das es festzustellen sucht». Eine falsche Zeugenaussage kann, wie wir gesehen haben, durchaus in bestem Glauben gemacht worden sein. Zwischen gutem Glauben und effektiver Wahrhaftigkeit stehen mindestens noch die Heuristiken und Denkfehler, die wir in den letzten Kapiteln kennengelernt haben, und sie sind so zäh und weit verbreitet, daß wir uns nur wünschen können, gesund zu bleiben und nie vor Gericht erscheinen zu müssen.

Tunnel Nr. 7
Der Sicherheitseffekt

Versuchen Sie sich in die folgenden Situationen zu versetzen, und überlegen Sie in aller Ruhe, wie Sie sich verhalten würden.

SITUATION 1
Beim Kinobesuch haben Sie sich unvorsichtigerweise einem Virus ausgesetzt, das eine seltene und tödliche Krankheit hervorruft. Die Wahrscheinlichkeit, sich die Krankheit tatsächlich zuzuziehen, beträgt $^1/_{1000}$. Es handelt sich um eine unheilbare Krankheit. Eine Hoffnung gibt es aber noch: Eine *sofort* vorgenommene Injektion verhindert mit Sicherheit den Ausbruch der

Krankheit. Da leider nur ganz geringe Mengen dieses Wirkstoffs zur Verfügung stehen, wird er an den Meistbietenden verkauft. Wieviel würden Sie höchstens für diesen Impfstoff ausgeben?

Denken Sie nach und notieren Sie Ihr Höchstgebot. Nun zur nächsten Situation:

SITUATION 2
Der gleiche Fall wie in Situation 1, nur liegt die Wahrscheinlichkeit, sich anzustecken, diesmal bei $4/1000$. Das Medikament ist nur zu 25 Prozent zuverlässig, verringert das Erkrankungsrisiko also auf $3/1000$. Wie wäre in diesem Fall Ihr Höchstgebot?

Notieren Sie auch diesen Betrag. Nun zum dritten Fall:

SITUATION 3
Ein Ärzteteam an der medizinischen Fakultät erforscht die obengenannte Krankheit und sucht Freiwillige, die sich als «Versuchskaninchen» zur Verfügung stellen und bereit sind, sich einem Ansteckungsrisiko von $1/1000$ auszusetzen (also bewußt das gleiche Risiko in Kauf zu nehmen, mit dem wir es in Situation 1 unfreiwillig zu tun hatten). Es gibt in diesem Fall kein Medikament gegen die Krankheit, das Risiko, daran zu sterben, ist und bleibt also $1/1000$. Natürlich nehmen die Forscher die Personen, die die *niedrigste* Bezahlung verlangen. Welchen Betrag müßte man Ihnen mindestens geben, damit Sie sich auf das Experiment einlassen?

Haben Sie sich Ihre Antworten in allen drei Fällen gründlich überlegt? Vergleichen Sie Ihre Zahlen mit den Beträgen, die von den Versuchspersonen bei diesem Test im Schnitt genannt wurden (S. 163).

Und hier noch ein letztes Beispiel für den Sicherheitseffekt:

Sie haben eine Luxusvilla in Kalifornien geerbt und möchten sie gegen Erdbeben versichern. Eine reguläre Erdbebenversicherung kostet eintausend Mark pro Jahr und versicherter Million. Eine angesehene Versicherungsgesellschaft versteigert aber eine begrenzte Anzahl von Versicherungspolicen zu einem geringeren Preis. Die Sache hat allerdings einen Haken: Der Versicherungsschutz wird nur gewährt, wenn sich das Erdbeben an einem Dienstag, Donnerstag oder Samstag ereignet.

Tunnel 7: Sicherheitseffekt

Wie sähe Ihr *Höchst*gebot für eine solche Police mit eingeschränktem Versicherungsschutz aus?

Lesen Sie bitte erst weiter, wenn Sie sich die Antwort gut überlegt haben.

Der Sicherheitseffekt (*certainty effect*) besteht darin, daß wir nur gegen eine enorm hohe Belohnung bereit sind, uns einer geringen Lebensgefahr *auszusetzen*, während wir für die *Beseitigung* genau derselben Gefahr, in der wir uns ohne unser Zutun, bereits *befinden*, weit weniger zu zahlen gewillt sind. Wie die Antworten der Versuchspersonen zeigen, ist uns die restlose Beseitigung eines $1/1000$-Risikos dreimal soviel wert wie die «bloße» Verringerung desselben Risikos um $1/1000$ (in Situation 2 verringert sich das Risiko von $4/1000$ auf $3/1000$). Die Tatsache, daß wir dieses Verhalten «normal» und «natürlich» finden, zeigt nur, wie tief dieser Tunnel in unserem Kopf ist und wie stark die Wirkung des Sicherheitseffekts.

Bei nüchternem und rationalem Kalkül müßten wir in allen drei Fällen genau den gleichen Betrag nennen – wobei natürlich klar ist, daß uns keine abstrakte Rechnung sagen kann, wieviel uns unser Leben wert sein sollte. Sie sagt uns nur, daß der Betrag, wie hoch er auch sein mag, in allen drei Situationen gleich sein müßte.

Im Fall der Erdbebenversicherung läßt sich der faire, vernünftige Preis für die etwas seltsame Police ermitteln, indem man den Preis der Komplettversicherung (eintausend Mark) mit $3/7$ (dem Grad der tatsächlichen Risikodeckung, 3 von 7 Tagen) multipliziert. Der Versicherungsschutz für Dienstag, Donnerstag und Samstag wäre also 428 Mark wert. Die Testpersonen hingegen waren im Schnitt nur zu einem Höchstgebot von einhundert Mark bereit. Viele erklärten gar, an einer solchen Police nicht interessiert zu sein. Auch hier zeigt sich deutlich der Sicherheitseffekt. Eine totale Risikodeckung ist uns weit mehr wert als eine bloße Risikobeschränkung. Würden wir rational kalkulieren, müßte uns eine solche Teilversicherung auch für zweihundert Mark pro Jahr noch attraktiv erscheinen. Denn bei einer Preissenkung um $4/5$ (80 Prozent Rabatt; wir müßten also nur 20 Prozent des ursprünglichen Preises bezahlen) wäre immer noch eine Risikodeckung von ³/₇ (also 43 Prozent) gewährleistet. Das Gefühl von Sicherheit, das uns die «volle» Versicherung gibt, ist völlig illusorisch. Gäbe es nämlich in diesem Bereich irgendeine Sicherheit, dann bräuchte man keine Versicherung. Es geht immer nur darum, ein Risiko zu berechnen und den angemessenen Preis dafür zu ermitteln. Das einzig Sichere an einer Versicherungspolice ist im Grunde der Preis, den Sie Jahr für Jahr dafür bezahlen. Alles andere ist Wahrscheinlichkeitsrechnung. Wenn wir auf die Wahrscheinlichkeitsrechnung pfeifen und nach «Sicherheit» verlangen, dann zeigt das, daß wir wirklich im Tunnel feststecken und auch nicht gewillt sind, ihn zu verlassen.

Wer den Faktor «Bedauern» ins Spiel bringt, überdeckt nur einen Tunnel mit einem anderen. «Sollte sich wirklich ein Erdbeben an einem der Tage ereignen, an denen meine Versicherung nicht gilt, könnte ich es mir nie verzeihen, nur die Teilversicherung abgeschlossen zu haben», wird manch einer einwenden. Wie stark der Faktor «Bedauern» ist (S. 28), haben wir bereits gesehen, doch ist er nur psychologisch von Bedeutung und alles andere als rational. Wenn wir wirklich rational überzeugt wären, mit dem Erwerb der Teilpolice die ökonomisch richtige Entscheidung getroffen zu haben, dann dürften wir uns zwar über unser Pech ärgern, aber wir bräuchten weder Bedauern noch Reue zu empfinden. Sich mit dem Faktor Bedauern herausreden heißt eine kognitive Täuschung mit einer anderen erklären. Rational ist eine solche Erklärung nicht.

Je weniger Sie von der Richtigkeit und Vernünftigkeit dieser Erwägungen und «abstrusen» Rechnungen überzeugt sind, desto mehr freut es mich, bestätigt es mir doch, daß der Tunnel «Sicherheitseffekt» einer der tiefsten mentalen Tunnel überhaupt ist. In der Wirtschaft, in der Politik, bei militärischen Entscheidungen, im Versicherungsgeschäft und in unserem Alltagsleben, überall tritt er in Erscheinung. Nun, da Sie gelernt haben, ihn zu erkennen, werden Sie in Ihrer Umgebung sicherlich tagtäglich auf neue Beispiele stoßen. Wenn wir uns immer wieder mit diesem Problem auseinandersetzen, sehen wir vielleicht irgendwann das Licht der Vernunft am Ende dieses Tunnels. Sofern nicht die Studenten des MIT recht haben, unter denen der folgende Scherz kursiert: «Wenn du am Ende des Tunnels ein Licht siehst, kann es nur ein entgegenkommender Zug sein.» Diese Studenten haben mit einem anderen Problem zu kämpfen als wir, denn sie sind einer permanenten Überdosis Rationalität ausgesetzt.

Tunnel Nr. 8
Der Unsicherheitseffekt oder Die irrationale Vorsicht

«Man kann nie vorsichtig genug sein» sagt der Volksmund. Entscheidungstheoretiker sind da etwas anderer Meinung. Ein berühmter Wahrscheinlichkeitstheoretiker, der Amerikaner Leonard James Savage, hat Anfang der fünfziger Jahre ein allgemeines Prinzip der rationalen Entscheidung formuliert, das er «Prinzip der sicheren Sache» (*sure-thing principle*) nannte. Dieses Prinzip schreibt im wesentlichen folgendes vor: Nimmst du dir nach genauer Abwägung von Pro und Contra etwas für den Fall vor, daß eine bestimmte Bedingung erfüllt ist, und nimmst du dir zugleich vor, dasselbe auch zu tun, wenn diese Bedingung *nicht* eintritt, dann tu es sofort, *ohne lange zu warten*. Ein Prinzip, das uns, zumindest aus rationaler und unvoreingenommener Sicht, unanfechtbar scheinen sollte. Doch auch hier liegt wieder ein Tunnel zwischen Wort und Tat, zwischen der vernunftgelenkten und der intuitiven Entscheidung. Auch dieser Tunnel ist so alt wie die Menschheit selbst, auch wenn er erst vor kurzem, nämlich 1992, entdeckt und von Kognitionswissenschaftlern[1] systematisch erforscht wurde. Schauen wir uns diesen Tunnel genauer an.

Ich habe morgen einen allerdings noch nicht endgültig bestätigten Termin mit einem wichtigen Geschäftspartner. Sagt dieser Herr heute definitiv zu, fahre ich morgen nach Mailand. Es stellt sich aber leider heraus, daß mein Geschäftspartner bis morgen unerreichbar ist. Ich überlege mir die Sache und beschließe, auf jeden Fall nach Mailand zu fahren, da ich dort auch andere wichtige Dinge zu erledigen habe. Und wenn mein Klient weiß, daß ich sowieso in Mailand bin, ist er möglicherweise eher geneigt, sich mit mir zu treffen. Soll ich also nicht am besten *sofort* einen Platz im Zug oder im Flugzeug buchen, noch *bevor* ich die Zusage des Geschäftspartners habe?

Diese ganz einfache Anwendung des Prinzips von Savage erscheint uns ziemlich klar. Wandeln wir nun das Beispiel leicht ab. Nehmen wir an, daß wir auf keinen Fall vor morgen erfahren, ob der Termin zustande kommt oder nicht. Nehmen wir weiterhin an, ich habe noch andere, nicht minder gute Gründe, gerade morgen nach Mailand zu fahren, die aber nichts mit meinen Geschäften zu tun haben (zum Beispiel ins Theater zu gehen, eine ehemalige Freundin oder einen kranken Onkel zu besuchen). Sollte der Geschäftstermin im letzten Moment, wenn ich also schon in Mailand bin, doch noch bestätigt werden, müßte ich allerdings diese anderen Pläne fallenlassen. Der Tunneleingang (und die Verleugnung des Savageschen Prinzips) zeichnet sich ab, wenn wir über diesen banalen Fall nachdenken. Wie viele von uns würden einen Flug buchen oder einen Zugplatz reservieren lassen und wirklich frühmorgens die Fahrt nach Mailand antreten, ohne vorher zu wissen, ob daraus ein privater Ausflug oder eine Geschäftsreise wird? In unserem rein hypothetischen (aber ziemlich realistischen) Fall wird *einem* der Beweggründe für die Reise mit Sicherheit entsprochen, aber nicht allen beiden. *Welchem*, wissen wir bei der Buchung und auch bei der Abreise nicht. Wir erfahren es erst, wenn wir schon am Reiseziel sind.

Wir können ruhig wetten, daß die meisten in dieser unklaren Situation beschließen würden, die Reise zu verschieben, auch wenn morgen ein besonders günstiger Tag wäre. Wir glauben, keinen «hinreichenden» Grund zu haben. Es gibt zwar sogar zwei verschiedene Arten von triftigen Gründen, und einer davon wird unter den gegebenen Umständen mit Sicherheit erfüllt. Wir aber wollen genau wissen welcher, und wir wollen es vorher wissen. Die Alternative, das eine *oder* das andere, in der Sprache der Logik Disjunktion genannt, die in diesem Fall rational gesehen für unsere Reise genügen müßte, reicht uns nicht. Würden wir die Reise trotz dieser Ungewißheit buchen und antreten, dann käme es uns – zu Unrecht – so vor, als verreisten wir ohne «wahren» Grund.

Entgegen dem Savageschen Prinzip schrecken wir also höchst unrational vor bestimmten Beschlüssen zurück. Führt uns dann jemand klar und deutlich vor Augen, wie unbegründet unsere Entscheidungsscheu ist, dann wachen wir aus unserer Trägheit auf und ringen uns zu einem Entschluß durch. Amos Tversky und Eldar Shafir haben dieses Phänomen des «Aufwachens» entdeckt, das sich ganz einfach herbeiführen läßt, indem man den Testpersonen die einzelnen «Züge» des Spiels und ihre jeweiligen Folgen klarmacht. Wenn wir zwei (oder mehr) Situationen vor uns haben, von denen wir noch nicht wissen, welche sich in der Zukunft verwirklicht, dann ist unsere Vorstellungskraft seltsamerweise blockiert, auch wenn wir wissen, daß die eine *oder* die andere Situation *ganz bestimmt* eintreten wird. Wir können zwar die Folgen für jede einzelne dieser Situationen kalkulieren, fühlen uns aber nicht in der Lage, die Folgen ihrer Disjunktion abzuschätzen, also uns *jetzt* vorzustellen, was wir tun, *wenn* die eine *oder* die andere oder auch eine dritte von verschiedenen Möglichkeiten konkret eintritt.

Solange wir nicht sicher wissen, *welche* der möglichen Wendungen die Dinge nehmen, sind unser Willen und unsere Entscheidungsfähigkeit paralysiert. In vielen Situationen *wirklicher* Ungewißheit ist diese Vorsicht durchaus rational. Sie ist es jedoch nicht, wenn *alle* Faktoren uns zu dem Schluß führen, daß wir, ganz gleich, welche der verschiedenen Möglichkeiten eintreten wird, im Grunde dieselbe Entscheidung treffen würden. Wir stecken in der «Disjunktionsfalle», gefangen in unserer übertriebenen und irrationalen Vorsicht. Wie Tversky und Shafir gezeigt haben, braucht man den Betroffenen oft nur zu zwingen, sich bewußtzumachen, wie widersprüchlich die Situation ist, in die er sich begibt, und schon kristallisiert sich die Entscheidung heraus.

Im Fall der Mailandreise würden wir dem Zauderer sagen: «Wenn die Verabredung mit Sicherheit bestätigt wird, fährst du nach Mailand. Sollte der Termin platzen, würdest du trotzdem fahren (aus einem anderen, persönlichen Grund). Bis morgen weißt du aber nicht, ob der Geschäftstermin zustande kommt oder nicht. ‹Folglich› wartest du lieber noch ab. Bist du sicher, daß du wirklich abwarten willst? Bist du sicher, daß dieses ‹folglich› richtig ist? Denk doch noch einmal darüber nach. Wenn du wüßtest, daß dein Geschäftspartner zusagt, würdest du keinen Augenblick zögern und die Reise sofort buchen. Und wenn du wüßtest, daß es sich mit Sicherheit um einen privaten Besuch handelt, würdest du die Reise ebenfalls antreten, nicht? Eine von beiden Möglichkeiten tritt ganz bestimmt ein. ‹Folglich› (dies ist das einzige ‹folglich›, das man gelten lassen kann) solltest du die Reise *auf jeden Fall* buchen, und zwar sofort.»

Nun würde unser Gesprächspartner vielleicht darüber nachdenken und aus seiner Entscheidungsschwäche herausfinden. Spornen wir ihn noch ein bißchen an: «Ich weiß ja, daß du nicht gern fährst, wenn noch nicht klar ist, welcher der zwei ganz verschiedenen Gründe (die aber beide triftig sind) dich dazu veranlaßt. Beide verlangen aber dieselbe Entscheidung, und auch die Handlung, die sich daraus ergibt, ist in beiden Fällen dieselbe. *Folglich* solltest du nicht lange fackeln, denn sonst besteht die Gefahr, daß du dir beide Möglichkeiten entgehen läßt.» Durch diese auf der Entscheidungstheorie und dem Prinzip von Savage beruhende «Stoßtherapie» erkennt der Betroffene, daß man auch übertrieben vorsichtig sein, daß Vorsicht irrational werden kann. Unsere nur allzu natürliche Vorsicht ist fast unwiderstehlich, und doch müssen wir lernen, sie in bestimmten Fällen abzuschütteln, zu handeln, zu entscheiden, uns aus dem «Disjunktionstunnel» zu befreien und den Unsicherheitseffekt zu besiegen.

Amos Tversky behauptet, durch ein eigenes Erlebnis auf die Existenz und die Macht dieses mentalen Tunnels aufmerksam geworden zu sein. Am Psychologischen Institut der Stanford University in Kalifornien, wo er arbeitet, waren zwei neue Lehrstühle geschaffen worden. Nachdem Tversky und seine Kollegen etliche Kandidaten gründlich geprüft hatten, wählten sie die zwei besten aus. Der Kandidat für den ersten Lehrstuhl schien ihnen «ein bißchen besser» als der andere. Doch auch der für den zweiten Lehrstuhl stand bereits fest. Trotzdem wurde beschlossen, diesen zweiten Lehrstuhl erst nach einer definitiven Zusage des Kandidaten für den ersten Lehrstuhl anzubieten. Dabei hätte eine Absage des ersten Kandidaten an der Besetzung des zweiten Lehrstuhls durch den zweiten Kandidaten überhaupt nichts geändert. Alle waren sich dessen bewußt, und trotzdem wollten alle, auch Tversky selbst, zunächst abwarten. Als der Psychologe Tversky über dieses unbegründete Zögern nachdachte, gelangte er zu der Überzeugung, daß es sich um ein weitverbreitetes Phänomen handelt und daß er eine Eigenheit unserer Psyche entdeckt hatte, die es wert war, genauer und systematisch untersucht zu werden. So kam er diesem in unserer «Sammlung» letzten Tunnel auf die Spur. Er gab ihm den Namen «Disjunktionseffekt» oder «Disjunktionstrugschluß» (*disjunction fallacy*) und berichtete darüber erstmals im Herbst 1992. 1993 erschienen weitere, ausführlichere Veröffentlichungen zu diesem Thema. Es handelt sich also um eine noch ganz junge Entdeckung, für die es jedoch schon verschiedene wohlfundierte Bestätigungen gibt. Hier nun einige typische Tests, mit denen sich der «Disjunktionstrugschluß» aufdecken läßt. Sie wurden mit einer großen Zahl von Versuchspersonen durchgeführt, hauptsächlich Studenten der Princeton University in New Jersey und der Stanford University in Kalifornien. Die Probanden wurden mit drei hypothetischen Situationen konfrontiert.

SITUATION 1
Sie haben im Roulette fünfzig Mark auf Schwarz gesetzt und gewonnen. Sie besitzen jetzt also hundert Mark. Wären Sie bereit, erneut fünfzig Mark auf Rot oder Schwarz zu setzen?

Ob wir auf Rot oder Schwarz setzen, spielt hier keine Rolle, es kommt nur darauf an, ob wir bereit wären, das gleiche Spiel mit dem gleichen Einsatz und den gleichen Gewinnchancen (fifty-fifty) erneut zu wagen, nachdem wir gewonnen haben. Der Test funktioniert auch mit Münzenwerfen (Kopf oder Zahl).
 Die meisten Befragten antwortete in diesem Fall mit Ja. Der Gewinn wirkt ermutigend, man fühlt sich «reich» genug, um eine weitere Runde zu riskieren.

SITUATION 2
Sie haben im Roulette gerade fünfzig Mark auf Schwarz gesetzt und verloren. Wären Sie bereit, weitere fünfzig Mark einzusetzen?

Auch hier lautet die Antwort sehr oft ja. Man hofft, diesmal zu gewinnen und den Verlust wieder wettzumachen.

SITUATION 3

Sie haben fünfzig Mark auf Schwarz gesetzt. Die Kugel ist bereits gefallen, Sie haben also entweder hundert Mark gewonnen oder fünfzig Mark verloren. Sie wissen aber noch nicht, welche der beiden Möglichkeiten eingetreten ist, denn Sie befinden sich in einem Nebenzimmer an einem anderen Roulettetisch. Wären Sie in diesem Fall bereit, sofort, also noch bevor Sie wissen, ob Sie gewonnen oder verloren haben, erneut fünfzig Mark zu setzen?

Diese Frage beantwortet nur eine kleine Minderheit mit «Ja». Die meisten Testpersonen antworteten im ersten Fall (Sie haben verloren) mit Ja; im zweiten (Sie haben gewonnen) ebenfalls mit Ja; im dritten (Sie wissen noch nicht, ob Sie gewonnen oder verloren haben) mit Nein. Der Disjunktionseffekt zeigt sich ganz deutlich, wenn man alle drei Antworten derselben Versuchsperson betrachtet. Zwar ist nicht jeder bereit, erneut zu spielen, wenn er verloren hat, und auch bei Gewinn würden nicht alle einen neuen Einsatz wagen. Aber von denjenigen, die behaupten, sie würden ein zweites Mal spielen, wenn sie wissen, sie haben gewonnen, und wenn sie wissen, sie haben verloren, lehnen es die *meisten* ab, ein zweites Mal zu spielen, wenn sie *nicht* wissen, ob sie beim ersten Spiel Glück oder Pech hatten.

Wie bei allen «Tunneln», die wir bisher kennengelernt haben, erscheint uns auch die Reaktion in dieser Situation der Unsicherheit durchaus normal. Wir erkennen uns in den Versuchspersonen von Tversky und Shafir wieder, wir würden genauso handeln, denn der «Disjunktionstunnel» steckt auch in unserem Kopf.

Auch das folgende, ganz ähnliche Beispiel stammt von Tversky und Shafir, die es kalifornischen Studenten vorlegten:

Sie haben gerade eine schwierige schriftliche Prüfung hinter sich, erfahren aber erst übermorgen, ob Sie bestanden haben oder durchgefallen sind. Auf dem Heimweg sehen Sie in einem Reisebüro ein supergünstiges Angebot für einen Urlaub auf Hawaii. Sie müssen sich aber bis morgen entscheiden und eine Anzahlung von einhundert Mark leisten, die im Fall einer Stornierung nicht zurückerstattet wird. Gegen eine Gebühr von dreißig Mark (die nicht zurückerstattet und nicht vom Reisepreis abgezogen wird) können Sie mit der Entscheidung noch einen Tag warten, also so lange, bis Sie wissen, ob Sie die Prüfung bestanden haben oder nicht.

Die Studenten wurden gefragt, was sie tun würden, 1. wenn sie wüßten, daß sie die Prüfung bestanden haben; 2. wenn sie wüßten, daß sie durchgefallen sind; 3. wenn sie nicht wüßten, ob sie bestanden haben oder nicht.

Die meisten Studenten waren bereit, die auf den Reisepreis anrechenbare Anzahlung von einhundert Mark zu leisten, wenn sie sicher wären, bestanden zu haben – sie würden sich die Reise «als Belohnung» für die Prüfung gönnen. Eine noch etwas größere Mehrheit würde die hundert Mark auch im Fall einer nicht bestandenen Prüfung anzahlen – die Reise wäre dann eine Art Trost. In diesen beiden Fällen war kaum jemand bereit, den (auf jeden Fall verlorenen) Betrag von dreißig Mark lockerzumachen, nur um die Entscheidung hinausschieben zu können. Im Fall der Unsicherheit dagegen konnte sich nur ein kleiner Teil der Befragten sofort für die Reise entschließen. Dafür waren jetzt die meisten bereit, dreißig Mark hinzublättern (die auf jeden Fall verloren waren), nur um die Entscheidung noch so lange aufschieben zu können, bis sie Gewißheit über das Prüfungsergebnis hatten.

Die häufigsten Antworten waren also: Ich buche die Reise, wenn ich weiß, ich bin durchgefallen; ich buche, wenn ich weiß, ich habe bestanden; ich buche nicht (oder bezahle die dreißig Mark), wenn ich das Prüfungsergebnis noch nicht kenne. (Die Testergebnisse finden Sie auf Seite 163–165.) Genau wie im Fall des Roulettespiels haben wir es hier mit dem Disjunktionseffekt in reinster Form zu tun. Auch die Antwort dieser Studenten kommt uns vernünftig vor. Wir würden es nicht anders machen. Wir neigen eben alle zur irrationalen Vorsicht!

Es gibt natürlich auch eine «Erklärung» dafür (in Anführungszeichen, weil diese Erklärung keineswegs rational ist). Wie Tversky und Shafir in ihrer Analyse der Testergebnisse schreiben, glauben die Probanden im Fall der Ungewißheit, keinen «triftigen» Grund für die supergünstige Reise zu haben. Es widerstrebt ihnen zu buchen, weil noch nicht klar ist, ob der Hawaiiurlaub «Belohnung» für die bestandene oder «Trost» für die verpatzte Prüfung sein wird. Entgegen dem Savage-Prinzip lassen sie außer acht, daß sie in beiden Fällen *genau das gleiche* tun würden und daß gute Gründe dafür sprechen, auf jeden Fall rasch zuzugreifen. Hier wirkt gewissermaßen ein psychisches Prinzip des unzureichenden Grundes. Man glaubt, für eine Handlung (in diesem Fall die Hawaiireise) einen präzisen Grund zu brauchen. Zwei mögliche, gleichermaßen triftige, aber verschiedene Gründe werden als «unzureichend» empfunden, auch wenn ganz *sicher* ist, daß einer von beiden morgen auf jeden Fall der triftige sein wird und daß sich beide in *derselben* Entscheidung niederschlagen.

In anderen Experimenten von Tversky und Shafir sollte zwischen einer Kooperations- und einer Wettbewerbsstrategie gegenüber einem unbekannten «Gegner» entschieden werden (in diesem Fall einem imaginären Kommilitonen im Computernetz der Universität). Solche Modelle, die weitaus komplexer und anspruchsvoller sind als die beiden oben erwähnten, sind Wirtschaftswissenschaftlern wohlbekannt. Der Kern bleibt der gleiche: Auch hier wirkt eindeutig der Disjunktionseffekt.

Der Proband wird mit einer Situation konfrontiert, in der er sich einer simulierten ökonomischen Herausforderung zu stellen hat. Die Strategie des Gegners steht bereits fest. Die Entscheidung der Testperson kann sich also gar nicht auf die gegnerische Strategie auswirken. Die Situation in diesen klassischen Dilemmas, mit denen sich Ökonomen schon seit Ende der vierziger Jahre befassen, ist immer die gleiche: Wenn beide Gegner konkurrieren, ziehen sie weniger Nutzen daraus, als wenn sie kooperiert hätten. Wenn dagegen *einer* von beiden konkurriert, während der andere kooperiert, zieht derjenige, der konkurriert, den größtmöglichen Nutzen daraus, während der Kooperierende den kleinstmöglichen Nutzen hat. Nach der Spieltheorie ist es in Fällen, in denen eine Kommunikation mit dem Gegner nicht möglich ist, man also keine Übereinkunft anstreben kann und die Entscheidungen des anderen nicht vorauszusehen sind, aus egoistischen Gründen *immer* besser zu konkurrieren (auf die Feinheiten und verschiedenen Varianten gehe ich hier nicht ein).

Diese Modellsituation wird traditionell als Gefangenendilemma bezeichnet, weil sie sich mit dem Konflikt zweier Häftlinge vergleichen läßt, die eines gemeinsamen Verbrechens beschuldigt werden. Jeder sitzt in einer Einzelzelle, und beiden wird für den Fall eines Geständnisses, auch zu Lasten des anderen, ein erheblicher Strafnachlaß in Aussicht gestellt. Auch in solchen Fällen (wie die traurige Polizeipraxis überall auf der Welt zeigt) empfiehlt sich immer ein Geständnis, aus den gleichen Gründen, aus denen es im Fall der wirtschaftlichen Herausforderung ratsam ist, zu konkurrieren und nicht zu kooperieren. Auf den Fall der Gefangenen übertragen, bedeutet konkurrieren (gegen den Komplizen) ein Geständnis ablegen, kooperieren (mit dem Komplizen) schweigen. Interessant ist, daß bei den von Tversky und Shafir auf dem Computer erstellten Beispielen eine ansehnliche Mehrheit der Testpersonen (67 Prozent) nach folgendem Muster entschied: Ich konkurriere, wenn ich weiß, daß der Gegner beschlossen hat zu konkurrieren; ich konkurriere (!), wenn ich weiß, daß der Gegner sich für Kooperation entschieden hat; ich *kooperiere*, wenn ich noch nicht weiß, was der Gegner *gemacht hat*. Wohlgemerkt – «gemacht hat», nicht «machen wird».

Der Disjunktionseffekt wirkt also nicht, wenn es darum geht, wirtschaftliche Entscheidungen zu fällen. Und so kommt es zu dieser sonderbaren Argumentation: «Meine Entscheidung kann sich sowieso nicht auf das Endergebnis auswirken, weil der Gegner seine Entscheidung bereits getroffen hat. Ich weiß aber nicht, welche, ‹folglich› beschließe ich zu kooperieren.» Da haben wir es wieder, dieses vernunftwidrige, unlogische und in solchen simulierten Spielen selbstzerstörerische «folglich». Es liefert ein subjektives Alibi für unsere irrationale Vorsicht. Die (psychisch zwar sehr wirksame, aber doch höchst unvernünftige) «Erklärung» für dieses Verhalten ist, daß wir die Entscheidung treffen, von der wir möchten, daß der andere sie getroffen hat, wohlwissend, daß unsere Entscheidung die des anderen nicht mehr beeinflussen kann. Wenn wir die Entscheidung des Gegners kennen, entscheiden wir so, wie es für uns am vorteilhaftesten ist. Kennen wir die bereits getroffene, von uns in keiner Weise mehr beeinflußbare gegnerische Entscheidung aber nicht, «dann» wählen wir den Zustand, den wir gern verwirklicht sähen. Tversky und Shafir nannten dieses Entscheidungskriterium «quasimagisches Denken». Besonders deutlich zeigt sich diese Art von Denken bei Würfelspielern. Wer eine Fünf oder

Sechs würfeln will, knallt den Becher auf den Tisch, wer eine Eins oder Zwei braucht, würfelt sanft und behutsam. Der Spieler weiß natürlich, daß die Wahrscheinlichkeit, die gewünschten Zahlen zu erhalten, nicht vom Kraftaufwand beim Würfeln abhängt, kann aber trotzdem nicht umhin, es zu «versuchen». Seine Muskeln gehorchen insgeheim seinem verborgenen Aberglauben.

Es ist nicht wahr, aber ich glaube dran: das quasimagische Denken

Der Disjunktionstunnel ist nur einer, wenn auch der interessanteste aus der großen Familie der mit dem quasimagischen Denken zusammenhängenden mentalen Tunnel. «Ich weiß, daß es nicht wahr ist, aber ich glaube dran»: Unter diesem Motto könnte man sie alle zusammenfassen. Dazu eine Anekdote über Niels Bohr: Über der Tür zum Arbeitszimmer des großen dänischen Physikers und Nobelpreisträgers hing ein schönes Hufeisen. Als ein Besucher diesen «Glücksbringer» sah, rief er befremdet aus: «Herr Professor, Sie glauben doch nicht etwa an solche Sachen!» Ohne eine Miene zu verziehen, erwiderte Bohr: «Natürlich nicht! Aber ich habe gehört, daß es auch wirkt, wenn man nicht daran glaubt.»

Obwohl das quasimagische Denken harmlos und die Grenze zwischen Ernst und Komik dabei oft fließend ist, stellt es doch ein Problem dar. Denn es zerreißt die Kette, die das, was wir tun, stets fest mit dem verbinden sollte, was wir denken, unser Handeln mit unseren Ansichten, unsere Entscheidungen mit unseren Urteilen. Im Unterschied zum magischen Denken hebt das quasimagische Denken die Vernunft nur vorübergehend auf, ohne sie ganz auszuschalten. Auf diese Weise wird aber auch der Kausalzusammenhang zwischen unseren Entscheidungen und den Gründen, aus denen wir sie treffen, aufgehoben. Die Versuche von Tversky und Shafir zum Disjunktionseffekt gewähren uns einen kleinen Einblick in das, was sich als Abgrund eines Typs von Irrationalität entpuppen könnte, der bislang unterschätzt wurde oder unerkannt blieb.

Niemand glaubt, Geschehenes ungeschehen machen oder die Zeit zurückstellen zu können. Das wäre rein magisches Denken. Nach Ansicht der alten Theologen konnte nicht einmal Gott in seiner Allmacht das Rad der Geschichte zurückdrehen. Wenn wir dagegen nicht wissen, welchen Lauf die Dinge genommen haben, welche Entscheidungen bereits unwiderruflich gefallen sind, dann läßt uns *quasi*magisches Denken wider alle Vernunft so handeln, daß wir mit unserem Handeln *simulieren, was unseren Wünschen nach hätte geschehen sollen,* obwohl wir genau wissen, daß wir dadurch nichts mehr ändern können. Wir handeln nicht so, wie es zur Optimierung unserer tatsächlichen Erfolgsaussichten nötig wäre, sondern so, als wollten wir den Erfolg optimieren, den wir *gehabt hätten,* wenn alles wie erhofft gelaufen *wäre.* Wir brauchen uns nur ein bißchen umzusehen, und schon erkennen wir allenthalben solche Fälle von quasimagischem Denken. Einer davon – Psychologen und Wirtschaftswissenschaftlern wohlbekannt – ist das Widerstreben, durch frühere Entscheidungen verursachte Verlustquellen zu beseitigen und noch einmal von vorn anzufangen. Wider jeden rationalen Kalkül versuchen wir, aus so einem «Faß ohne Boden» doch noch etwas herauszuholen, nicht mit Blick darauf, wie die Dinge laufen oder laufen werden, sondern wie sie gelaufen wären, wenn wir sie von Anfang an richtig gesehen hätten. Wir wollen nichts «bedauern» müssen und verharren in unserem Wunschdenken, anstatt so zu handeln, wie es bei einer rationaleren Einschätzung der Wirklichkeit unumgänglich wäre.

Tversky und Shafir haben die Macht des Disjunktionseffektes unter anderem dadurch belegt, daß sie die Entwicklung des Finanzmarktes unmittelbar vor und nach den amerikanischen Präsidentschaftswahlen von 1988 untersucht haben. Aus Interviews, Leitartikeln, Umfragen und Marktanalysen, die von den beiden Forschern zitiert werden, geht eindeutig hervor, daß ein Wirtschaftsaufschwung vorausgesagt wurde, *unabhängig* davon, ob Bush oder Dukakis gewinnen würde (wenn auch aus unterschiedlichen Gründen). Trotzdem war der Markt vor den Wahlen (wie fast vor jeder Wahl) paralysiert, erst nach den Wahlen kam es zu einem deutlichen Aufschwung. Ein ähnlicher Effekt ließe sich mit Sicherheit auch für die Wahlen von 1992 beobachten.

Auch damals deutete einiges auf einen (wenn auch geringen) Aufschwung hin, ganz gleich, wie die Wahlen ausgehen würden. Und in der Tat profitierte Clinton von einem Wirtschaftsaufschwung, zu dem er selbst gar nicht beigetragen haben konnte.

In anderen Arbeiten untersuchten Tversky und Shafir das Verhalten von Wählern. Sie konfrontierten ihre Testpersonen mit verschiedenen geschickt konstruierten Situationen vor politischen Wahlen und fanden dabei folgendes heraus: In Situationen politischer Unsicherheit, in denen es die Probanden für sehr wichtig hielten, daß möglichst viele Wahlberechtigte ihre Stimme abgeben, erklärten sie sich bereit, zur Wahl zu gehen. Unter anderen Bedingungen, zum Beispiel wenn mit dem Gang zur Urne ein hoher persönlicher Aufwand verbunden ist, wirkte der Disjunktionseffekt sehr stark. Wenn uns dies vielleicht banal erscheint, so doch nur, weil sich die meisten von uns bestimmter paradoxer Eigenschaften des Wahlakts gar nicht bewußt sind. Der aus der Sicht der Spieltheorie und der Entscheidungspsychologie wesentliche Punkt ist, daß der einzelne Wähler bei einer Wahl, für die Millionen Wähler mobilisiert werden, nicht ernsthaft und rational annehmen kann, seine *einzelne* Stimme vermöge irgend etwas zu ändern. Es handelt sich um eine simple Zählung. Der angesehene italienische Soziologe Alessandro Pizzorno, der sich eingehend mit diesem Paradox befaßt hat, sieht die Motivation für den Gang zur Urne nicht in der objektiven Wahrscheinlichkeit, etwas verändern zu können, sondern im Verantwortungssinn und dem Zugehörigkeitsgefühl, die mit dem Akt des Wählens befriedigt werden. Die Untersuchungsergebnisse von Tversky und Shafir bestätigen diese Theorie und bereichern die traditionellen soziologischen und politischen Analysen um den psychologischen Effekt der Disjunktion.

Die Daten von Tversky und Shafir zum Gefangenendilemma widersprechen zudem älteren, sich auf die kollektive Gegenseitigkeit gründenden Entscheidungstheorien, also jenen Theorien, die eine Entscheidung für Kooperation mit dem höchstmöglichen Nutzen für das Kollektiv zu Lasten des individuellen Vorteils des einzelnen Spielers rechtfertigten. Diese «kollektivistischen» Theorien empfahlen, immer zu kooperieren, da auf diese Weise der *globale* Nutzen beider Konkurrenten maximiert werde. Auch die konstante und nicht zu vernachlässigende Zahl (rund ein Drittel der Probanden) von «Kooperierenden um jeden Preis» wurde auf diese Weise erklärt. Der traditionellen psychoökonomischen Theorie zufolge handelt es sich dabei um diejenigen, die ihren Lohn in der Kooperation als solcher sehen, entgegen dem rein egoistischen ökonomischen Kalkül. Tversky und Shafir indes haben nachgewiesen, daß die psychoökonomische Wirkung des Disjunktionseffekts weitaus *stärker* ist. Tatsächlich besteht die größte Kooperationsneigung nicht dann, wenn man weiß, daß der andere kooperiert hat, sondern dann, wenn man nicht weiß, wie der andere entschieden hat. Nicht Altruismus kommt hier zur Wirkung, wie die auf dem Kollektivgeist gründenden psychoökonomischen Theorien besagen, sondern die *vermeintliche* Last des Nichtwissens. Vermeintlich, weil – wie wir gesehen haben – das Spiel schon gelaufen ist und auch ein «Mehr-Wissen» über die Entscheidung des Gegners unsere eigene Entscheidung nicht beeinflussen dürfte. Trotzdem sind den Ergebnissen von Tversky und Shafir zufolge die Probanden außergewöhnlich geneigt zu bezahlen, nur um mehr über die Entscheidung des Gegners zu erfahren. Diese zusätzliche «Information» wird in solchen Fällen, wie sich experimentell nachweisen läßt, zum Selbstzweck und ist kein Mittel, um zu einer überlegteren und besser fundierten Entscheidung zu gelangen. In der Tat ist es alles andere als rational, Geld und/oder Zeit und/oder Mittel zu investieren, um zu erfahren, welche von zwei Möglichkeiten mein Gegner gewählt hat, wenn feststeht, daß ich immer die *gleiche* Entscheidung treffe, *egal*, wie der Gegner entschieden hat. Irrationale Vorsicht läßt uns zögern, treibt uns dazu, weitere Nachforschungen anzustellen, um Ergebnisse zu erhalten, die unsere Entscheidung ohnehin nicht mehr beeinflussen.

Für Gesundheitsministerien, Versicherungsgesellschaften und auch für uns beitragszahlende Mitglieder der Krankenkassen als potentielle, wenn nicht gar schon reale Patienten mag interessant sein, daß sich Psychologen auch Versuche ausgedacht haben, die zeigen, wie es mit der irrationalen Vorsicht von Ärzten bestellt ist. Da geht es zum Beispiel um die Entscheidung, welche von zwei verschiedenen Therapien angewendet werden soll oder ob ein chirurgischer Eingriff vorzunehmen ist oder nicht. In Zusammenarbeit mit renommierten Medizinern wurden realistische Krankheitsbilder mit für eine Entscheidung bereits *ausreichenden* Symptomen und Daten konstruiert. Die Probanden (teils «echte» Ärzt, teils «normale» Testpersonen, die sich in die Lage des betroffenen Patienten versetzen sollten) konnten *vor* ihrer Entscheidung noch *zusätzlich* Laboranalysen und/oder weitere Röntgenuntersuchungen oder Computertomographien durchführen, die zwar von allgemeinem Nutzen sind, die zu treffende spezielle Entscheidung aber bei vernünftiger Betrachtung *nicht* beeinflussen sollten. Trotzdem schieben viele Ärzte und noch mehr «imaginäre» Kranke im besten Glauben die Entscheidung so lange auf, bis sie auch diese Zusatzdaten in der Hand haben.

Der Disjunktionseffekt trägt also auch zur Kostenexplosion im Gesundheitswesen bei. Wie wir es schon von den uns inzwischen bekannten anderen falschen Denkweisen her kennen, verbindet sich auch hier der rein kognitive Effekt mit anderen Faktoren, die seine Wirkung «potenzieren». Aber er wirkt auch, wenn keine solcher Faktoren im Spiel sind. Viele Studien, Umfragen, Erhebungen, Berichte, Expertenbesprechungen und Untersuchungen, die den Entscheidungsprozeß «fördern» sollen, sind überflüssig und nutzlos.

Auch wenn Faktoren wie persönliche Interessen, Angst vor Verantwortung, gegenseitige Schuldzuweisung etc. ausgeschaltet sind, bleibt immer noch der bis heute nicht ganz durchschaute Disjunktionseffekt.

Der Tunnel der irrationalen Vorsicht ist oft obendrein mit zweifelhaften Motivationen gepflastert, aber meine knappen Andeutungen sollten genügen, Ihnen zu zeigen, daß er auch «begehbar» bleibt, wenn keine derartigen Beweggründe mitspielen. Lernen wir also beizeiten, ihm auszuweichen!

Wie man das Unbekannte aufgrund des Bekannten errechnet oder Die Bayessche Formel

Genaue Straßenkarten, mit deren Hilfe wir den geschilderten Tunneln ausweichen können, liegen bereits vor, auch wenn weder das allgemeine Publikum noch die meisten Experten sie kennen. Mit einigen dieser «Landkarten» – ich meine damit die Fachtexte der Statistik, der Entscheidungstheorie und der Kognitionswissenschaft, die bisher den Spezialisten dieser Sparten vorbehalten waren und meist unberührt in den Bibliotheken standen – werden wir uns nun etwas genauer, wenn auch weiterhin in vereinfachter Form befassen.

Ich habe die berühmte Bayessche Formel inzwischen so oft erwähnt, daß nicht drum herumkomme, sie wenigstens in groben Zügen zu erklären. Erst sehr lange, nachdem der Mensch herausgefunden hatte, wie man Flächen berechnet und Waren abwiegt, nämlich Mitte des achtzehnten Jahrhunderts, fand er die Lösung für eine Frage, die ihn von jeher gequält haben muß: Wie läßt sich, ausgehend von präzisen, die Vergangenheit betreffenden Daten, Zukünftiges berechnen? Für diesen Zweck mußten unsere gängigen Intuitionen «auf den Kopf» gestellt werden. Man darf das Bayessche Theorem ruhig zu den größten Entdeckungen des menschlichen Geistes rechnen. Es wird in jedem Statistikhandbuch und in den Enzyklopädien und Abhandlungen über induktive Logik genau erklärt. Ich möchte Ihnen hier nur eine intuitive Vorstellung von dieser Formel vermitteln und zeigen, warum sie uns aus den Tunneln naiver Schlußweisen in puncto Statistik befreien kann.

Wir erleben tagtäglich Situationen, in denen wir Entscheidungen auf der Basis von unvollständigen Informationen zu treffen haben und zusätzliche Daten suchen müssen, damit wir unsere Entscheidung korrigieren oder bekräftigen können. Typisch ist der Fall, in dem die künftige Entwicklung von Ereignissen vernünftig *prognostiziert* werden soll und angestrebt wird, ein Maximum an Informationen über die *wahrscheinlichste* Entwicklung zu erhalten. Ein Wissenschaftler stellt eine Hypothese auf, führt Experimente durch und entscheidet, inwieweit die Versuchsergebnisse seine Theorie bestätigen beziehungsweise widerlegen. Es soll nicht ungefähr geschätzt, sondern exakt *berechnet* werden, wie groß die Wahrscheinlichkeit ist, daß eine Theorie oder Hypothese *unter Berücksichtigung all dessen, was wir wissen*, wahr ist.

Direkt angewendet wird diese Vorgehensweise im gesellschaftlich wichtigen Bereich der Medizin, wenn ein Arzt bestimmte Untersuchungen durchführt, um eine Diagnose zu stellen. Auch ein Manager verfährt so, wenn er eine Entscheidung zu treffen hat und sich zum Beispiel durch Marktumfragen, Inspektionen der Betriebsstätten, Börsengerüchte etc. weitere Informationen beschafft, auf die er sich bei seiner endgültigen Entscheidung stützen muß. Wir wir gesehen haben, wäre es an der Zeit, daß diese Art der rationalen Berechnung auch in die Gerichtssäle Einlaß findet. Hier die wichtigsten «Zutaten», die man für die rationale Vorgehensweise nach Bayes benötigt:

(a) eine Reihe möglicher Alternativen (von Statistikern als «Naturzustände» bezeichnet), die *vor* dem Akt der Entscheidung und der Erhebung zusätzlicher Daten vorhanden sind;

(b) die jeder der möglichen Alternativen *vor* den Tests und Nachprüfungen zugeschriebene Wahrscheinlichkeit (*a-priori*-Wahrscheinlichkeit);

(c) der Grad der Zuverlässigkeit und Voraussagbarkeit der verschiedenen Tests;

(d) die Ergebnisse der Untersuchungen (oder Umfragen oder Kontrollen);

(e) die Wahrscheinlichkeiten, die jeder einzelnen möglichen Alternative *a posteriori*, also wenn das Testergebnis bekannt ist beziehungsweise die zusätzlichen Daten gesammelt wurden, zuzuschreiben sind.

Das klassische Theorem des englischen Mathematikers und Priesters Thomas Bayes (1702–1762) besagt, daß sich die Wahrscheinlichkeiten (e) mit Hilfe der Angaben (a), (b), (c) und (d) *exakt* errechnen lassen. Den idealen, rational handelnden Menschen könnte man heutzutage also als «Bayesianer» bezeichnen. Mit anderen Worten: Die einzige rationale Methode, um Risiken zu minimieren und Gewinnerwartungen zu maximieren, ist die Anwendung der von Bayes beschriebenen Strategie. Um nur noch die aus rationaler Sicht vorteilhaftesten Entscheidungen zu treffen, *müssen* wir also Bayesianer werden! Es gibt heute mathematische Theoreme, mit denen sich beweisen läßt, wie und warum die Bayessche Formel (zumindest abstrakt und unter idealen Bedingungen) die *einzige* Formel ist, um bestimmte Wahrscheinlichkeitsbewertungen auf eine völlig rationale Grundlage zu stellen.

In Worten läßt sich die Bayessche Strategie, also die Vorgehensweise, der wir folgen *sollten*, in etwa so darstellen:

Die Wahrscheinlichkeit, daß ein Naturzustand eintritt, wenn das Testergebnis vorliegt (*A-posteriori*-Wahrscheinlichkeit), erhält man, indem man zunächst die Wahrscheinlichkeit, daß es *sowieso* (also unabhängig vom Testergebnis – von mir als *A-priori*-Wahrscheinlichkeit bezeichnet) eintritt, mit der Zuverlässigkeit des Tests multipliziert (also mit der Wahrscheinlichkeit, die der Test dem uns interessierenden Naturzustand gegenüber allen anderen möglichen Naturzuständen verleiht). Aber das reicht noch nicht aus.

Der Fehler, den wir oft machen, besteht ja gerade darin, daß wir nicht auch andere wichtige Variablen berücksichtigen, die wesentliche Bestandteile der Bayesschen Formel sind, zum Beispiel die Wahrscheinlichkeit, daß bei vorliegendem Testergebnis andere Naturzustände eintreten, und die Wahrscheinlichkeit, daß sich der uns interessierende Naturzustand auch bei negativem Testergebnis einstellt. Darauf werden wir gleich noch zurückkommen.

Es gibt dafür natürlich eine mathematische Formel, eben die Bayessche. Um nicht jene Leser abzuschrecken, die mit mathematischen Formeln auf Kriegsfuß stehen, will ich aber versuchen, sie in Worten darzustellen.

Die Bayessche Formel

Die Wahrscheinlichkeit, daß eine Hypothese (in unserem Fall eine Diagnose) bei vorliegendem Testergebnis richtig ist,
ist gleich
der Wahrscheinlichkeit, daß die Richtigkeit der Hypothese das Testergebnis nach sich zieht (sozusagen die Umkehr dessen, was uns eigentlich interessiert), multipliziert mit der Wahrscheinlichkeit der Hypothese «absolut» (also unabhängig vom Test), dividiert durch die «absolute» Wahrscheinlichkeit des Testergebnisses (also unabhängig von der Hypothese oder Diagnose).

Nicht mehr und nicht weniger.

Die «absoluten» Wahrscheinlichkeiten sind die Wahrscheinlichkeiten, die wir dem Testergebnis als solchem, ungeachtet unserer Hypothese (oder Diagnose) beziehungsweise ungeachtet des Testergebnisses vernünftigerweise zuschreiben. Diese Wahrscheinlichkeiten können auch als *a priori* zugeschriebene Wahrscheinlichkeiten gedacht werden, was natürlich nicht heißt, daß sie schon seit tausend Jahren oder seit Bestehen der Welt da sind. Man geht aber davon aus, daß sie *schon vor Durchführung des Tests und bevor die Hypothese aufgestellt wird*, rational gut kalkulierbar sind. Häufig spricht man auch von der «alten» Wahrscheinlichkeit im Gegensatz zur «neuen», durch die Bayessche Formel ermittelten Wahrscheinlichkeit. «Alt» besagt nichts anderes als vor Durchführung des Tests. Eine *A-priori*-Wahrscheinlichkeit kann *vor* dem uns interessierenden (vielleicht entscheidenden) Test, aber *nach* einer ganzen Menge anderer Tests und im Licht *anderer*, alternativer vernünftiger Hypothesen (oder Diagnosen) ermittelt worden sein.

Wir haben es hier mit dem heikelsten und schwierigsten Teil der Berechnung zu tun, denn man muß die Wahrscheinlichkeit der Hypothese vor dem Test und unabhängig vom Test berechnen, ebenso die Wahrscheinlichkeit des Testergebnisses unabhängig von dieser einen Hypothese, aber in Abhängigkeit von anderen, alternativen und plausiblen Hypothesen. Dies setzt große Genauigkeit, aber auch Spürsinn, Sachkenntnis, Intuition und Vorstellungskraft voraus. Die Anwendung der

Bayesschen Formel ist dann rein «mechanisch». Da es sich im Grunde nur um eine Multiplikation und eine Division handelt, genügt ein einfacher Taschenrechner, um das Endergebnis zu erhalten. Gerade diese Einfachheit ist ja das Geniale an der Bayesschen Formel. Um sie auf konkrete Fälle anzuwenden, also die einzelnen Ausdrücke richtig auszufüllen, braucht es allerdings einiges Vorwissen. Denn schon wenn man sich bei der Grundwahrscheinlichkeit (*A-priori*-Wahrscheinlichkeit) vertut, drehen die Rädchen der Formel leer, und man kommt zu einem völlig unsinnigen Ergebnis. Um *A-priori*-Wahrscheinlichkeiten in einem bestimmten Bereich (zum Beispiel einem medizinischen Fachgebiet) richtig zu kalkulieren, sind jahrelange, gründliche Studien und Erfahrungen mit Tausenden ähnlicher Fälle und Unmengen von anderen, sorgfältig analysierten Tests erforderlich. Wir behandeln hier aber ganz einfache Fälle mit bereits vorgegebenen *A-priori*-Wahrscheinlichkeiten.

Die wichtigste Botschaft dieses Kapitels ist, daß *niemand* von Haus aus Bayesianer ist (das haben uns die vorangegangenen Seiten gezeigt). Ich denke hier nicht an die bewußt nichtrationalen Strategien, die wir alle im Leben anwenden (indem wir etwas in Bausch und Bogen ablehnen, uns starr an Traditionen halten, es so machen, wie man es immer gemacht hat, oder indem wir «nach dem Gefühl» und entgegen jeder Wahrscheinlichkeit entscheiden). Die falschen Denkweisen, die wir bisher kennengelernt haben, zeigen uns, daß wir auch dann keine «Bayesianer» sind, wenn wir rational und nach reiflicher Überlegung zu entscheiden glauben, unter Berücksichtigung aller intuitiv kalkulierten Wahrscheinlichkeiten vor und nach dem Test. Typische Beispiele dafür sind der Fall des medizinischen Tests (Seite 73 f) und der Schöffenirrtum (Seite 75 ff).

Der Trugschluß der Fast-Gewißheit

Wenn wir uns rasch noch einmal die (nichtbayesianischen) Intuitionen ansehen, die zu unseren naiven Problemlösungen führen, stoßen wir auf eine neue kognitive Täuschung: den Trugschluß der «Fast-Gewißheit».

Wäre der medizinische Test oder die Aussage der Zeugin vor Gericht hundertprozentig zuverlässig, dann könnten wir *sicher* sein, daß der Patient die Krankheit hat beziehungsweise das Taxi tatsächlich blau war. «Folglich» (so schließen wir intuitiv-naiv) gibt uns ein zu 87 Prozent zuverlässiger Test 87 Prozent Sicherheit und eine zu 80 Prozent zuverlässige Zeugenaussage 80 Prozent Sicherheit. Hier begehen wir zwei weitere kapitale und systematische Fehler, indem wir naiv extrapolieren und notwendige Bedingungen, hinreichende Bedingungen und notwendige *und* hinreichende Bedingungen verwechseln. Wenn es um Wahrscheinlichkeit geht, kann das, was für den Höchstwert (also 100 Prozent) gilt, nicht einmal für sehr nah bei diesem Höchstwert liegende Werte (also zum Beispiel 95 Prozent) extrapoliert werden. Eine Intuition, die im Höchstfall richtig ist, bleibt nicht richtig, wenn sie diesem Wert lediglich sehr *nah* ist.

Stellen wir uns vor, es gäbe drei verschiedene Tests mit folgenden Ergebnissen:

Test A: positiv bei *allen*, die wirklich krank sind, aber *auch* bei einigen Gesunden. Wir haben in diesem Fall also 0 Prozent falsche negative, nicht aber 0 Prozent falsche positive Testergebnisse. Diese beiden wichtigen statistischen Größen sind in der Regel *nicht* komplementär.

Test B: negativ bei *allen* Gesunden, aber nicht nur bei diesen. Hier haben wir 0 Prozent falsche positive, aber einen bestimmten Prozentsatz falscher negativer Testergebnisse.

Test C: Positiv bei *allen*, die die Krankheit haben, und *nur* bei diesen. Das ist der *einzige* wirklich ideale, praktisch nicht realisierbare Fall, in dem falsche positive und falsche negative Ergebnisse identisch sind, weil beide gleich Null sind. Nur in diesem Fall ist der Test logischerweise *auch* bei allen Gesunden und nur bei diesen negativ.

Nur der (rein utopische) Test C ist also hundertprozentig zuverlässig. Und genau diesen Fall, in dem der Test eine hinreichende Bedingung für eine sichere Diagnose ist, haben wir als Prämisse für unseren Trugschluß vor Augen. Eine hinreichende Bedingung ist eine Bedingung, die *allein* genügt, um die Richtigkeit der Hypothese *mit Sicherheit* zu bestimmen. In den Fällen A und B dagegen ist, wie wir leicht erkennen, keine hinreichende Bedingung mehr vorhanden. Wenn wir nichts über die relative Häufigkeit der falschen positiven Ergebnisse von A und der falschen negativen Ergebnisse von B wissen, dann können wir die Zuverlässigkeit des Tests (beziehungsweise der Zeugenaussage) nicht auf Wahrscheinlichkeitsbegriffe übertragen, indem wir uns eine Fast-Gewißheit vorstellen. Diese Häufigkeit ist je nach Bevölkerungsgruppe im allgemeinen *unterschiedlich*, und wir müssen hier sehr stark die Grundhäufigkeit berücksichtigen.

Test A ist nicht diskriminierend genug, denn er zeigt zwar bei allen Kranken, aber auch bei einigen Gesunden die Krankheit an, während Test B zu diskriminierend ist, denn er läßt einige Fälle außen vor, die er erfassen müßte. Viele von uns neigen nun aber dazu, auch Test A und B als hundertprozentig sicher zu betrachten. Wir tun uns schwer, diese doch sehr wichtigen Unterschiede zu erkennen, und so kommt es, daß wir den falschen Schluß ziehen. Wir bedenken nicht, daß weder eine hinreichende noch eine notwendige Bedingung mehr vorliegt, sondern nur eine Wahrscheinlichkeitskorrelation, sobald wir uns auch nur *ein kleines Stück* vom Idealfall des Tests C entfernen und es zum Beispiel mit Fall A oder B zu tun haben oder auch mit einem Zuverlässigkeitsverlust in *beide* Richtungen, wie es bei medizinischen Tests im «echten» Leben der Fall ist.

Um es noch einmal ganz deutlich zu sagen: **Wahrscheinlichkeitskorrelationen sind nicht so etwas wie eine «etwas weniger gewisse» Sicherheit**. Wahrscheinlichkeitskorrelationen können rational nur mit Hilfe der Bayesschen Formel behandelt werden.

Die Daten dazu sammeln wir in der folgenden Weise:

	Krankheit liegt vor	Krankheit liegt nicht vor
Test positiv	A	B
Test negativ	C	D

(A, B, C, D können Wahrscheinlichkeiten sein oder die ermittelten Krankheitsfälle aus einer bestimmten Gesamtheit, die in Prozenten ausgedrückt werden, auch wenn sie für jede Klasse von Daten zunächst unterschiedlich sind.)

Die Erfahrung zeigt, daß viele Menschen, und zwar keineswegs nur Laien, bei der Beurteilung der «Korrelation» zwischen Test und Krankheit nur auf die Angabe A achten. Viele glauben sogar, daß A die Korrelation ist oder diese ausdrückt oder mit ihr identisch ist. Doch damit liegen sie völlig falsch. Man darf nicht nur A sehen. Worauf es ankommt, ist der Gesamtvergleich aller vier Daten. Für statistische Zwecke sehr bedeutungsvoll ist das Verhältnis (oder der Quotient) zwischen A und der Summe (A + B) sowie das Verhältnis zwischen C und der Summe (C + D).

Am sogenannten «Wason-Test» (S. 109) werden wir sehen, daß die meisten A für sehr wichtig halten (einige sogar für die einzig wichtige Angabe), B für «ziemlich» wichtig, C für eher unwichtig. Nur die wenigsten sind der Ansicht, daß auch D wichtig ist. Für die Bayessche Berechnung der Wahrscheinlichkeit der Diagnose bei gegebenem Testergebnis ist C indes ausschlaggebend.

Um es noch einmal in aller Deutlichkeit zu sagen: Niemand, wirklich niemand von uns geht *spontan und intuitiv* «bayesianisch» vor. Um unsere Intuition zu verbessern, müßten wir uns wenigstens Grundkenntnisse in Statistik aneignen. Das dumme ist nur, daß sich mit etwas verzwickteren Beispielen (wie Tversky, Kahneman und viele andere gezeigt haben und wie Sie im Kapitel «Großes Finale» sehen werden) selbst Leute, die sich ein bißchen in Statistik auskennen, ja sogar Statistikprofis in die Falle locken lassen.

Die sieben Hauptsünden

Um diese Erkenntnisse über Heuristiken und mentale Tunnel in engere Beziehung zu den Problemen des Alltagslebens zu setzen und die Auswirkungen des kognitiven Unbewußten mit denen des emotiven Unbewußten und anderer Arten von Irrationalität in Zusammenhang zu bringen, fasse ich die tückischsten Gefahren von Fehlschlüssen und Denkfehlern hier in nicht streng wissenschaftlicher Form zusammen. Damit sich diese Gefahren besser in unser Gedächtnis einprägen, nenne ich sie die sieben Hauptsünden. Der Vollständigkeit halber füge ich in Klammern die inzwischen etablierten englischen Fachausdrücke an.

1. **Selbstüberschätzung** (*overconfidence*)
2. **Magisches Denken** (*illusory correlations*)
3. **Nachträgliches Besserwissen** (*predictability in hindsight*)
4. **Ankereffekt** (*anchoring*)
5. **Eingängigkeit** (*ease of representation*)
6. **Blindheit für Wahrscheinlichkeiten** (*probability blindness*)
7. **Beeinflußbarkeit durch «Szenarien»** (*reconsideration under suitable scripts*)

Die Reihenfolge drückt aus, daß die psychischen Ursachen der einen «Sünde» teilweise in der jeweils vorausgehenden beziehungsweise im Zusammenwirken von beiden liegen. Bei der folgenden, bewußt nicht streng wissenschaftlichen Erläuterung nehme ich mir die Freiheit, abwechselnd reale Fälle und spezielle Experimente darzustellen, um zu zeigen, was für schlimme Folgen solche Denkfehler haben können und wieviel materieller Schaden und menschliches Leid sich vermeiden ließen, wenn wir uns unsere falschen Denkweisen bewußtmachten und versuchten, sie zu vermeiden.

Nehmen wir uns diese «Sünden» also der Reihe nach vor.

1. Selbstüberschätzung

In einer klassischen Studie, die 1977 im *Journal of Experimental Psychology* veröffentlicht wurde, legten Baruch Fischhoff, Paul Slovic und Sarah Lichtenstein einer großen Zahl von Testpersonen Fragen aus bestimmten Wissensgebieten vor. Die Antwort auf jede dieser Fragen stand fest, war aber den Probanden nicht zwangsläufig mit Sicherheit bekannt. Es handelte sich um Fragen, wie sie in Quizsendungen oder bei dem Spiel «Trivial Pursuit» gestellt werden. Die Antworten konnten also leicht im Lexikon oder in den Tabellen der Institute für Statistik nachgeprüft werden. Die Versuchspersonen sollten angeben, wie hoch sie die Wahrscheinlichkeit einschätzten, daß ihre jeweilige Antwort richtig sei. Wenn die Frage zum Beispiel lautet: Wie heißt die Hauptstadt von Ecuador?, dann konnte der Proband «Quito» antworten und erklären, er sei sich ganz sicher, fast sicher, zu 50 Prozent sicher etc., daß die Antwort zutreffe.

Auf diese Weise wird der subjektive Grad von *Vertrauen* (*confidence*) gemessen, den jede Versuchsperson in die eigene Antwort auf eine Frage oder eine Fragenreihe hat. Ich möchte hier nicht die Einzelheiten der von den drei Wissenschaftlern raffiniert ausgetüftelten Methode erläutern, deren Vorteil darin liegt, daß der Versuchsleiter weiß, wie die richtige Antwort lauten muß. So läßt sich der effektive Prozentsatz von korrekten Antworten exakt messen und feststellen, wie berechtigt das Vertrauen der einzelnen Probanden in die Richtigkeit ihrer Antworten ist. Man kann also für jeden Versuchsteilnehmer die *richtige Einschätzung* vornehmen und diese mit seiner Selbsteinschätzung vergleichen, um dann zu sehen, bei welchen Fragen die Diskrepanz am größten ist. Aus den Daten vieler Versuchspersonen wird dann die durchschnittliche Diskrepanz bei einer bestimmten Kategorie von Fragen, einer Untergruppe etc. ermittelt.

Dabei fand man heraus, daß die Neigung zur Selbstüberschätzung (*overconfidence*) hartnäckig und weit verbreitet ist. Probanden, die tatsächlich in 15 Prozent der Fälle falsch antworteten (sich also rational gesehen nur mit 85 Prozent hätten bewerten dürfen), hatten sich statt dessen 100 Prozent oder mehr gegeben. Manche Probanden gaben, obwohl ihre Antworten falsch waren, die Wahrscheinlichkeit, daß sie sich irren, mit eins zu tausend, eins zu zehntausend oder sogar eins zu einer Million an. Einige behaupteten gar, zweihundertprozentig sicher zu sein, was natürlich absurd ist. Die Kluft zwischen der realen Zuverlässigkeit der Antworten und dem Grad der Selbstüberschätzung war so groß und trat so häufig auf, daß die Testleiter beschlossen, einer weiteren Versuchsgruppe *vor* dem Experiment regelrechten Unterricht (mit Rechenbeispielen an der Tafel, Graphiken, Dias etc.) über die Bedeutung von Wahrscheinlichkeiten zu erteilen. Sie versuchten ihnen klarzumachen, was eine Wahrscheinlichkeit von eins zu tausend oder eins zu zehntausend *tatsächlich* aussagt. Diese Aufklärung vor einem Test, eine Art geistiger Hygiene, mit der *biases* verringert oder ausgeräumt werden sollen, nennt man in der Fachsprache *debiasing*. Die durchschnittliche Selbstüberschätzung in dieser Gruppe nahm gegenüber den «unbelehrten» Probanden nur geringfügig ab. Der Vorgang des *debiasing* erwies sich insgesamt als äußerst schwierig.

Um zu prüfen, wie standhaft die Probanden in ihrer Selbstüberschätzung waren, wurden sie gefragt, ob sie bereit wären, um echtes Geld auf die Richtigkeit ihrer Antworten zu wetten. Der Gedanke dabei war, daß jemand, der die Wahrscheinlichkeit, sich bei einer bestimmten Antwort zu irren, auf eins zu tausend schätzt, bereit sein müßte, eine entsprechende Summe darauf zu wetten, etwa so: Ist die Antwort falsch, verliert man zwanzig, ist sie richtig, gewinnt man fünf Mark (eigentlich müßte jemand mit einem so hohen Grad an Gewißheit einen viel größeren Einsatz riskieren, sagen wir fünfhundert gegen zwanzig Mark). Zur großen Überraschung der Wissenschaftler waren die Versuchspersonen tatsächlich bereit, solche Wetten (allerdings mit geringem Einsatz) einzugehen. Einige protestierten heftig, als sie erfuhren, daß Fischhoff, Slovic und Lichtenstein gar nicht um echtes Geld wetten wollten.

In einer Fragengruppe waren die Ergebnisse besonders auffällig. Die Antworten waren mit erstaunlich hoher Selbstsicherheit gegeben, aber größtenteils falsch. Hier einige Beispiele. Bei den Versuchsteilnehmern handelte es sich um Amerikaner, meist Studenten. Die Fragen bezogen sich auf die Wahrscheinlichkeit von verschiedenen Todesursachen in den Vereinigten Staaten.

Welche von jeweils zwei Todesursachen ist Ihrer Meinung nach häufiger? (Das Sternchen bezeichnet die richtige Antwort, die mit √ markierte Antwort wurde von den meisten Probanden mit großer Selbstsicherheit angekreuzt.)

Todesursachen in den USA
√ Schwangerschaft, Fehlgeburt, Geburt * Blinddarmentzündung
√ Unfälle jeder Art   * Herzinfarkt
√ Mord   * Suizid
√ Unfälle durch Feuerwerkskörper   * Masern
√ Suizid   * Diabetes
√ Brustkrebs   * Diabetes

Fragen zur Allgemeinbildung
Woher stammen drei Viertel des Kakaos auf dem Weltmarkt?
* Afrika   √ Südamerika

Wann fand die erste Bombardierung aus der Luft statt?
* 1849   √ 1937

Adonis war der Gott der
* Vegetation   √ Liebe

Kahlil Gibran orientierte sich vor allem am
* Christentum   √ Buddhismus

Die Oper *Dido und Aeneas* ist von
* Purcell   √ Berlioz

Die Kartoffel stammt ursprünglich aus
* Peru   √ Irland

Die Fragen wurden keineswegs absichtlich ausgewählt, um die Probanden in die Irre zu führen. Sie haben sich erst im nachhinein als besonders «heiß» beziehungsweise tückisch herausgestellt. Hier gab es eine enorme Diskrepanz zwischen dem Grad an Selbstsicherheit, den die Probanden nannten, und ihrer realen *durchschnittlichen* Zuverlässigkeit. Daraufhin beschlossen die Autoren, diese Fragen zu einer Extragruppe zusammenzufassen und eine eigene Bewertung für sie vorzunehmen.

Unter anderem haben diese Studien auch ergeben, daß die Divergenz zwischen Richtigkeit des Urteils und Grad des Selbstvertrauens größer ist, wenn der Befragte *mehr über das Gebiet weiß*. Wenn man weniger weiß, ist der Hang zur Selbstüberschätzung geringer, ebenso bei einfachen Antworten. Komplizierte Antworten, die eine längere Argumentation und viel Fachwissen erfordern, sind zwar genauer, aber der Grad an Selbstüberschätzung ist *viel höher*.

Wir sollten also lernen, unserem Selbstbewußtsein zu mißtrauen, denn gerade dort, wo wir uns am sichersten fühlen, nämlich im eigenen Beruf, können wir auch den größten Schaden anrichten.

2. Magisches Denken

Diese Hauptsünde muß in einem Atemzug mit der etwas weniger schlimmen, aber keineswegs läßlichen Sünde des quasimagischen Denkens (Seite 90 f) genannt werden. Wie wir vorhin gesehen haben, ist die statistische Korrelation keine Fast-Gewißheit, sondern etwas ganz anderes. Das hat uns das Beispiel des medizinischen Tests gezeigt. Die statistische Korrelation zwischen einem Symptom und einer Analyse (zwischen einem Indikator und einem realen Phänomen, zwischen einem Test und einer Gegebenheit etc.) hängt von einer Datenkonstellation und einer geordneten Folge quantitativer Erwägungen ab.

Man hat herausgefunden, daß die meisten Testpersonen, die keine Ahnung von Statistik haben (aber nicht nur sie), dazu neigen, die Korrelation *allein* mit der Häufigkeit der positiven Fälle gleichzusetzen. Kommen wir noch einmal zu unserem Beispiel mit nur einem einzigen Symptom und einer einzigen Diagnose zurück, also zu der kleinen Tabelle auf Seite 102:

		Krankheit	
		vorhanden	nicht vorhanden
Symptom	vorhanden	A	B
	nicht vorhanden	C	D

Betrachtet man ausschließlich A, so stellt man eine trügerische Korrelation her, man verfällt in «magisches Denken», wie es im Fachjargon heißt. Angenommen, Sie sollen die folgende diagnostische Hypothese überprüfen: Menschen, die unter Verfolgungswahn leiden (eventuell auch nur in leichter Form), zeichnen menschliche Gesichter mit übergroßen Augen. Um diese Hypothese zu testen, werden Ihnen vier Karten mit psychologischen Profilen von Patienten vorgelegt. Auf der Rückseite der Karte befindet sich die Zeichnung, die der betreffende Patient spontan angefertigt hat (oder auch mehrere kleinere Zeichnungen). Sie sehen jeweils nur eine Seite der Karte:
(a) Psychologisches Profil, das auf Verfolgungswahn hindeutet;
(b) psychologisches Profil ohne jeden Hinweis auf Verfolgungswahn;
(c) Zeichnung mit großen Augen;
(d) Zeichnung mit normalen Augen.

Welche der Karten müssen Sie aufdecken, um die diagnostische Hypothese zu bekräftigen? Es sollen möglichst *wenige* Karten umgedreht werden. Wählen Sie also keine Karte, die keine oder nur geringe Aussagekraft hat!

Die englischen Psychologen Peter Wason und Philip Johnson-Laird haben eine Vielzahl solcher Tests mit sogenannten Selektionsaufgaben (*selection tasks*) durchgeführt. Fast alle Versuchspersonen decken zuerst Karte (a) auf, die für ausschlaggebend gehalten wird; viele halten auch Karte (c) für wichtig, wenige nennen (b) und die wenigsten, nämlich 6 Prozent, (d). Dabei käme man mit einem simplen, auf den klassischen Wahrscheinlichkeitstabellen der sogenannten logischen Funktionen basierenden logischen Kalkül darauf, daß nur die Karten (a) und (d) die These bestätigen oder widerlegen können.

Bestätigt wird die Diagnose, wenn wir auf der Rückseite von Karte (a) ein Gesicht mit großen Augen sehen. Trägt dagegen die Rückseite von Karte (d) ein psychologisches Profil ohne Hinweis auf Verfolgungswahn, dann ist die Hypothese widerlegt. Die beiden anderen Karten sind für die Erhärtung beziehungsweise Widerlegung der These völlig irrelevant. Denn die Hypothese besagt ja *nicht*, daß *nur* jemand, der an Verfolgungswahn leidet, Menschen mit übergroßen Augen malt, und sie behauptet auch nicht, daß *alle* Gesichter mit übergroßen Augen von Leuten mit Verfolgungswahn gezeichnet wurden. Es hat sich gezeigt, daß eine Testperson, die «naiv» an die Überprüfung der Hypothese herangeht, mit genau denselben Karten (also mit derselben Datenbank von Krankheitsfällen) veranlaßt werden kann, die *gegenteilige* Hypothese (Menschen mit Verfolgungswahn zeichnen Gesichter mit kleinen Augen) für bestens erhärtet zu halten und auch noch zu erklären, *warum* dies so ist. Im ersten Fall wird die Erklärung lauten, an Verfolgungswahn leidende Menschen zeichnen Gesichter mit großen Augen, weil sie sich dauernd belauert fühlen; im zweiten Fall lautet die Erklärung, daß Leute mit Verfolgungswahn Augen immer klein zeichnen, weil sie Angst haben, den Menschen in die Augen zu sehen, oder das Gefühl vertreiben wollen, sie würden ständig beobachtet.

Es ist ein auch bei Fachleuten wie Ärzten, Psychiatern, Richtern, Lehrern, Versicherungsleuten, Ingenieuren, Meteorologen etc. tausendmal bestätigtes Gesetz unserer Psyche: **Für eine positive Korrelation, von der wir überzeugt sind, suchen wir immer wieder nach neuen Bestätigungen und rechtfertigenden Gründen, so illusorisch diese Korrelation objektiv auch sein mag.**

Nach allem, was wir bisher gesehen haben, erkennen wir jetzt auch die subjektiven Faktoren, Heuristiken und Fehlschlüsse, aufgrund deren wir diese «Sünde» begehen: unsere Neigung, Grundhäufigkeiten zu mißachten, Fälle, die eine Korrelation falsifizieren, unberücksichtigt zu lassen, und unsere Unfähigkeit, eine Korrelation rational im Gesamtzusammenhang zu berechnen. Der große Philosoph Karl R. Popper ist für seine Behauptung berühmt geworden, wissenschaftliche Hypothesen ließen sich zwar falsifizieren, aber nicht verifizieren. Ich will hier nicht erörtern, ob Popper wirklich recht hatte. Wenn wissenschaftliches Verfahren tatsächlich im Widerlegen und nicht im Bestätigen von Hypothesen besteht, dann stellt die wissenschaftliche Methode einen *Bruch* mit unseren spontanen Intuitionen dar. Wie Psychologen in Dutzenden von Experimenten mit den vier Karten bewiesen haben, sehen wir unsere Hypothesen in vertrauten wie in abstrakten Situationen, wenn es um «soziale Gebote» oder auch um «Gesellschaftsverträge» geht, lieber bestätigt als widerlegt, vor allem in bezug auf allgemeine und abstrakte, im eigentlichen Sinne wissenschaftliche Hypothesen. Um «Popperianer» zu werden, müssen wir viele unserer spontanen Intuitionen revolutionieren und lernen, unserem magischen Denken zu mißtrauen. Ein besonders interessantes und besonders schlimmes Beispiel für dieses magische Denken lernen wir im folgenden Abschnitt kennen.

3. Nachträgliches Besserwissen

Diese «Sünde» läßt sich mit einem Experiment aufdecken, bei dem die Versuchspersonen gefragt werden, mit welcher Wahrscheinlichkeit sie ihrer Ansicht nach ein bereits eingetretenes Ereignis unter bestimmten Voraussetzungen oder angesichts bestimmter Symptome hätten vorhersehen können. Die Probanden erhalten 1. die genaue Schilderung eines Ereignisses, von dem als sicher vorausgesetzt wird, daß es eingetreten ist (zum Beispiel der Ausbruch eines Krieges, eine galoppierende Inflation, eine Umweltkatastrophe, ein Firmenbankrott, ein enormer Markterfolg eines bestimmten Produkts etc.); 2. eine Reihe relevanter, diesem Ereignis vorausgegangener Daten. Da Kognitionspsychologen aus beruflicher Notwendigkeit gern mit Tricks arbeiten, wurden einigen Probanden reale Daten und das dazugehörige tatsächliche Ereignis präsentiert, anderen dagegen genau dieselben Daten, aber ein gegenteiliges Ereignis. Sie mußten also annehmen, daß die ihnen vorliegenden

Daten wirklich zu dem entsprechenden Ereignis gehörten. Nun wurde registriert, mit welchem Grad von Sicherheit die Probanden das Ergebnis vorauszusehen glaubten, wenn sie über die jeweiligen Daten verfügt hätten. Dabei wurden auch die Begründungen und Schlußweisen der Testpersonen analysiert.

Es stellte sich heraus, daß wir im nachhinein, wenn wir wissen (oder zu wissen glauben), was tatsächlich passiert ist, alle überzeugt sind, wir hätten das Geschehene vorausgesehen. Hinsichtlich ihrer Selbstüberschätzung gab es zwischen den Probanden, die über die richtigen Zusammenhänge verfügten, und denen, die sich, ohne es zu wissen, an den falsch verknüpften Daten orientierten, keine nennenswerten Unterschiede. Besonders anfällig für diese «Sünde» sind aus leicht ersichtlichen Gründen die Historiker.

Zu deren großem Ärger haben Psychologen viele typische Trugschlüsse (die sogenannten *historian's fallacies*) der altehrwürdigen Geschichtswissenschaft aufgedeckt. Einige solcher «Historienirrtümer» möchte ich Ihnen hier vorstellen, indem ich die klassischen Versuche von Fischhoff und Dray in einer leicht abgewandelten, vereinfachten und scherzhaften Form wiedergebe:

• Im Tagebuch eines «scharfsinnigen» zeitgenössischen Chronisten findet sich folgende Notiz: «Heute hat der hundertjährige Krieg begonnen.»

• Ich werde nun beweisen, warum Napoleon hätte wissen *müssen*, daß er die Waterloo-Schlacht verliert.

• Meine Argumentation enthält eine schwache Hypothese, aber alle anderen sind hieb- und stichfest. Da wir aber wissen, daß die Voraussagen meines Geschichtsschemas *effektiv* richtig sind, muß auch diese Hypothese richtig sein.

• De facto ist das Gegenteil dessen eingetreten, was ich in meiner Monographie von 1978 vorausgesagt habe, aber anhand desselben Modells kann ich genau erklären, warum.

• Die Prognosen meines werten Kollegen haben sich als richtig erwiesen, was aber auf reinem Zufall beruht, denn ich kann Ihnen beweisen, daß sein Modell auf jeden Fall falsch ist.

Genug der Schmähungen gegen die Historiker, zumal auch Ökonomen, Soziologen, Politologen, Staatsmänner, Ärzte und Generäle ganz ähnliche Schnitzer machen. Wer diesbezüglich ohne Fehl ist, der werfe den ersten Stein!

Wir sollten uns aber darüber klar sein, welche verheerenden Folgen diese Art der kognitiven Täuschung haben kann, wobei wir die zynische und rücksichtslose Suche nach «Sündenböcken» hier außer acht lassen wollen. Heute läßt sich wissenschaftlich beweisen, daß selbst die ruhigsten und gutwilligsten Menschen dem Irrtum des «nachträglichen Voraussehens» erliegen. Nicht selten wird unter der Wirkung solcher Fehleinschätzungen ein Angestellter zu Unrecht entlassen oder zumindest seine Karriere beeinträchtigt. Und das traurigste dabei ist, daß man dem Betroffenen sogar einreden kann, er hätte aufgrund der ihm zur Verfügung stehenden Daten das, was geschehen ist, *voraussehen müssen*. So wie sich in Hegels berühmter Dialektik von Herr und Knecht der Knecht am Ende überzeugen läßt, daß er Knecht sein *muß*, so läßt sich der Sündenbock überzeugen, daß er das, was passiert ist, hätte voraussehen können, ja sogar voraussehen müssen.

Eng verwandt mit dieser Hauptsünde ist die folgende.

4. Der Ankereffekt

Wie der Ankereffekt wirkt, haben wir schon gesehen, als es darum ging, das Produkt einer bestimmten Zahlenreihe zu schätzen (S. 44). Bei einem ähnlichen, ebenfalls klassischen Experiment werden die Versuchspersonen zum Beispiel gefragt, wie viele afrikanische Länder Mitglied der Vereinten Nationen sind. Vorher wird jedoch in Gegenwart der Versuchspersonen ein Glücksrad gedreht, das bei einer Zahl zwischen 0 und 100 stehenbleibt. Die Versuchsteilnehmer werden eigens darauf hingewiesen, daß die gezogene Zahl *nichts* mit der Antwort auf die vorher gestellte Frage zu tun hat. Trotzdem blieb die von den Probanden genannte Zahl immer bei der Glücksradzahl «verankert». Wenn auf dem Glücksrad also zum Beispiel die 12 erschien, wurde immer eine niedrigere Zahl genannt, als wenn es beispielsweise bei 92 anhielt. Unglaublich, aber wahr! Ein Effekt, der Propagandaapparaten wohlbekannt ist. Auch die Bush-Administration hat ihn während des Golfkriegs ausgenutzt. In den offiziellen Verlautbarungen wurden die Todesopfer unter der irakischen Zivilbevölkerung meistens auf zwei, drei oder zwölf beziffert. So skeptisch man diese Zahlen auch sah, die Korrektur nach oben, die man insgeheim vornahm, blieb doch immer bei den genannten Zahlen verankert. Man multiplizierte mit Zehn oder auch mit Hundert, keineswegs aber mit Zehntausend. Genau das wäre jedoch richtig gewesen, wie sich später herausstellte. Erst Monate nach Kriegsende wurde von Zehntausenden Toten gesprochen. Das Beispiel stammt aus jüngster Zeit, die Methode aber ist uralt.

Es funktioniert aber auch umgekehrt. Polizeibehörden überall auf der Welt (genauso wie argwöhnische, eifersüchtige Ehepartner) wissen, welche Wirkung es hat, jemandem die schlimmsten Vergehen vorzuwerfen. Unter der Flut der Anschuldigungen und der Last angeblicher «Beweise» gibt das unglückliche Opfer am Ende unweigerlich irgend etwas zu, unter der Beteuerung, daß alles andere aber ganz bestimmt nicht wahr sei ... Nur um die schändlichsten Vorwürfe abzuwehren, versucht der Beschuldigte in seiner Verzweiflung, die Beschuldigung an harmloseren kleinen Vergehen zu «verankern». Genau dieses kleine Zugeständnis beziehungsweise Geständnis wollte der Ankläger natürlich hören. Auch wenn es um Verleumdung und üble Nachrede geht, entfaltet der «Ankereffekt» seine unheilvolle Wirkung. Sprichwörter wie «Ohne Feuer kein Rauch» sind das Ergebnis seines Zusammenwirkens mit Neid, Arroganz und Haß.

Es gibt eine ganze Reihe von wissenschaftlichen Werken, die sich mit dem verhängnisvollen Ankereffekt und seinen Auswirkungen auf Gerichtsurteile, medizinische Diagnosen und kollektive Entscheidungen befassen. Wenn wir uns so ein Fehlurteil selbst gebildet haben, wirkt der «Ankereffekt» besonders stark. **Ein intuitives, impulsives Urteil wird nie so vollständig revidiert, daß nichts von ihm übrigbleibt.** Wir gehen bei unseren Korrekturen bewußt oder unbewußt immer von unserer ersten Einschätzung aus. Dabei wirken neben dem Ankereffekt auch Stolz und Eigenliebe mit.

Obwohl ich mich mit der Problematik der Personalauswahl nie befaßt habe, scheint doch klar, daß sich der «erste Eindruck», den man von jemandem gewinnt, nie ganz auslöschen läßt. Das ist zwar alles andere als rational, aber es zu leugnen wäre irrational. Die schädlichen Folgen dieser vierten Hauptsünde lassen sich aber wenigstens teilweise verhindern, wenn wir uns ihre Wirkungsweise bewußtmachen.

5. Eingängigkeit

Wie stark der Faktor «eingängig» oder «leicht vorstellbar» wirkt, haben wir an dem von mir auf Seite 107 beschriebenen Experiment gesehen, bei dem die Probanden entscheiden sollten, welche von jeweils zwei Todesursachen sie für häufiger halten. In den USA (und wohl auch in Europa) sterben weit mehr Menschen an Masern als an den Folgen eines Unfalls mit Feuerwerkskörpern. Trotzdem sind die meisten fest überzeugt, das Gegenteil sei der Fall. Über Unfälle mit Feuerwerkskörpern wird in der Presse berichtet, sie prägen sich daher unserem Gedächtnis ein, während jemand, der an Masern stirbt, in keiner Zeitung erwähnt wird.

Das gleiche gilt auch für Suizid (der meist nicht publik gemacht wird) gegenüber Mord, der viel seltener vorkommt, aber mehr Aufsehen erregt. Man könnte hier noch jede Menge anderer Beispiele anführen. Schon Bertrand Russell hatte die Regeln der *popular induction* erkannt: spontane, von Einzelbeispielen ausgehende Verallgemeinerungen basieren auf der Gefühlsträchtigkeit der Beispiele, nicht auf ihrer objektiven Häufigkeit. Etwas anders ausgedrückt, lautet dieses psychologische Gesetz:

Wir halten ein Ereignis (oder eine Situation) für häufiger, wenn wir es uns leicht vorstellen können und wenn es in irgendeiner Weise emotional aufgeladen ist.

Warum fahren wir vorsichtiger, wenn wir soeben Zeugen eines Verkehrsunfalls geworden sind? Objektiv wird durch diesen Unfall keineswegs wahrscheinlicher, daß uns selbst etwas Ähnliches passiert. Weshalb schließen wir eine Diebstahlversicherung ab oder lassen eine Alarmanlage in unserem Haus installieren, nachdem die Wohnung eines Freundes, der vielleicht in einer ganz anderen Stadt wohnt, von Dieben ausgeräumt wurde? Ein solches Verhalten hat nichts Rationales, auch wenn es bisweilen dazu dient, andere, noch weniger rationale Verhaltensweisen und Nachlässigkeiten zu kompensieren.

Ärzte, Manager, Entscheidungsträger, überhaupt alle rational denkenden und handelnden Menschen sollten sich von ihrer Intuition nicht so an der Nase herumführen lassen. An der Statistik der Todesursachen haben wir gesehen, wie stark die objektive Wahrscheinlichkeit von unseren Vorstellungen abweicht. Auch wenn wir nach den Ursachen für bestimmte Ereignisse suchen, spielt uns unsere Vorstellung oft böse Streiche. Geschehnisse, die uns höchst seltsam vorkommen, sind in Wirklichkeit normal, und was wir für einen merkwürdigen Zufall halten, ist nach der Wahrscheinlichkeitsrechnung eine keineswegs ungewöhnliche Begebenheit. Haben gute Baseballspieler wirklich schlechte und gute Wurfserien beziehungsweise schlechte und gute Wochen, wie viele Leute glauben? Amos Tversky hat dies widerlegt. Das folgende Beispiel soll zeigen, wie leicht man in einem ganz gewöhnlichen Ereignis zu Unrecht einen erstaunlichen Zufall sieht:

Wie viele Menschen müssen mindestens in einem Zimmer versammelt sein, damit die Wahrscheinlichkeit, daß zwei von ihnen am gleichen Tag des Jahres Geburtstag haben, bei über 50 Prozent liegt?

Das Ergebnis, das Sie bestimmt verblüffen wird, finden Sie auf Seite 165.

Stellen Sie sich einen Fabrikdirektor, einen Klinikchef, einen General oder einen einflußreichen Minister vor, der in einer Reihe von «Zufällen» ein beunruhigendes Zeichen zu sehen glaubt. Viel Zeit und Geld werden geopfert, um die «Ursache» herauszufinden, dabei handelt es sich in Wirklichkeit um Ereignisse, welche die natürliche, objektive statistische Häufigkeit widerspiegeln. In Kenntnis der obengenannten «Hauptsünden» zweifeln wir nicht daran, daß die «Ursache» auch gefunden wird und daß diese Entdeckung irrationale und höchstwahrscheinlich schädliche Entscheidungen nach sich zieht.

Merken wir uns also: Die objektive statistische Häufigkeit von Ereignissen ist eines, die Leichtigkeit, mit der wir sie uns vorstellen können, und unsere emotionale Beeindruckbarkeit etwas ganz anderes. Wir sollten also nicht an eine «Verschwörung» glauben oder nach «Schuldigen» suchen, um «Zufälle» zu erklären, an denen wirklich nichts «Merkwürdiges» ist.

6. Blindheit für Wahrscheinlichkeiten

Der Fall der Impfung gegen das seltsame Virus (Seite 77 f) zeigt, daß wir uns die Verringerung eines $^1/_{1000}$-Risikos auf Null weit mehr kosten lassen als die eines Risikos von $^4/_{1000}$ auf $^3/_{1000}$. Wie erwähnt, tun wir uns schwer, Wahrscheinlichkeiten unterhalb einer bestimmten Schwelle richtig einzuschätzen. Eine Wahrscheinlichkeit von 8 Prozent und eine von 1 Prozent ist für uns «ungefähr das gleiche», genauso wie eine Wahrscheinlichkeit von $^9/_{1000}$ und eine von $^5/_{10000}$. Auch bei sehr hohen Wahrscheinlichkeiten können wir Unterschiede nicht richtig erkennen. So kaufen wir lieber Lotterielose mit einer Gewinnchance von 99 Prozent als teurere Lose mit einer Gewinnchance von 999 Promille.

«Zusatzlose», die unsere Gewinnchance von 32 Prozent auf 37 Prozent steigen lassen, würden uns kaum interessieren, im Gegensatz zu solchen, die unsere Chancen von 95 Prozent auf 99 Prozent erhöhen. Dabei wächst die Wahrscheinlichkeit zu gewinnen in beiden Fällen um genau den gleichen Wert, nämlich 5 Prozent. Niemand würde eine Feuerversicherung abschließen, die nur an ungeraden Tagen des Monats gilt, selbst wenn sie bloß *ein Viertel* des Preises für die «volle» Versicherung kosten würde. Rational gesehen würden wir mit dieser Police am besten fahren, denn sie kostet ein Viertel der vollen Versicherung, während sich das Risiko lediglich verdoppelt.

Aber nicht nur mit besonders hohen und extrem niedrigen Wahrscheinlichkeiten können wir nicht viel anfangen, auch im mittleren Bereich fällt uns der Umgang mit Wahrscheinlichkeiten schwer. Beeindrucken können uns nur sehr große Wahrscheinlichkeitssprünge (von der Fast-Gewißheit, daß... zur Fast-Gewißheit, daß nicht...). Den Unterschied zwischen einer dreiprozentigen Wahrscheinlichkeit, einen katastrophalen finanziellen Verlust zu erleiden, und der Gewißheit, nichts zu verlieren (zum Beispiel weil wir eine Versicherung abgeschlossen haben), erkennen wir recht gut, während es uns Schwierigkeiten macht, den zwischen der Gewißheit, daß nichts passiert, und einem $1/10000$-Risiko richtig einzuschätzen. Viele Menschen hätten gern die «Versicherung» (zum Beispiel von seiten der Wissenschaftler), daß jedes Risiko völlig ausgeschlossen ist. Für die meisten ist Risiko gleich Risiko, egal ob dieses $1/10000$ oder $1/100$ beträgt.

Wie ausgeprägt unsere Blindheit gegenüber extrem geringen Wahrscheinlichkeiten ist, zeigt sich auch an den Auseinandersetzungen um Gentechnik oder Kernkraft oder an den äußerst strengen Kontrollen, denen neue Medikamente unterworfen sind, bevor sie auf den Markt kommen. Die Forderung nach einem Nullrisiko hat indes nichts Rationales. Irrationale kollektive Reaktionen dieser Art haben seit jeher den Fortschritt der Wissenschaft aufgehalten und werden ihn auch in Zukunft behindern. Ich werde oft gefragt, ob eine bestimmte neue Technologie mit «absoluter» Sicherheit ungefährlich ist. Wenn ich ganz ehrlich und rational einräume, daß es absolute Sicherheit nicht geben kann, dann bekomme ich zu hören, daß man dann der Sache doch lieber «nicht trauen» sollte, als sei ein Risiko von eins zu einer Million beinahe das gleiche wie ein Risiko von 50 Prozent.

Einer weitverbreiteten Volksmeinung zufolge ist ein Risiko entweder vorhanden oder nicht vorhanden. Gibt es ein Risiko, dann spielt es für die meisten Leute gar keine Rolle, wie hoch es ist. Für eine solche Einstellung sind allerdings nicht *nur* kognitive Faktoren, unbewußte Heuristiken und mentale Tunnel verantwortlich, sondern auch Angst vor der Wissenschaft, geistige Unbeweglichkeit, Widerstand gegen Innovationen, Ignoranz und Dummheit.

Es gibt jedoch auch subtilere Formen dieser Blindheit gegenüber Wahrscheinlichkeiten. Ich möchte sogar behaupten, *daß jeder, der im Umgang mit Wahrscheinlichkeiten nicht besonders geübt ist, bei jeder Wahrscheinlichkeitsschätzung mit einer Wahrscheinlichkeit von über 50 Prozent falsch liegt*. Anders ausgedrückt: Eine von uns vorgenommene Schätzung einer Wahrscheinlichkeit ist immer eher falsch als richtig. Mißtrauen wir deshalb oberflächlichen Deutungen von Statistiken, mißtrauen wir unseren eigenen Wahrscheinlichkeitsbewertungen genauso wie denen der anderen, es sei denn, sie wurden von erfahrenen Statistikern vorgenommen. Ich spreche hier wohlgemerkt nicht vom bewußten Mißbrauch von Statistiken, sondern von unserer eigenen, intuitiven, naiven Art, korrekte, unanfechtbare Statistiken zu deuten. Beispiele für falsche Schlüsse, die wir im besten Glauben aus zuverlässigen statistischen Angaben ziehen, gibt es unzählige, von denen wir nur einige kennengelernt haben. Wenden wir uns nun aber der siebten und letzten und vielleicht schlimmsten unserer sieben Hauptsünden zu.

7. Manipulierbarkeit durch «Szenarien»

Während der Polenkrise, als es wegen Preissteigerungen und Lebensmittelmangel zu Proteststreiks und Tumulten kam, fragten Tversky und Kahneman amerikanische Generäle und Politiker, wie hoch sie die Wahrscheinlichkeit einschätzen, daß die Vereinigten Staaten ihren Botschafter aus der Sowjetunion zurückrufen. Die Befragten sollten auch angeben, für wie wahrscheinlich sie es halten, daß Rußland in Polen einmarschiert und infolgedessen die USA ihren Botschafter aus Moskau abberufen. Für die meisten Befragten hatte die zweite, zwei Ereignisse enthaltende Aussage höhere Wahrscheinlichkeit als die erste, in der keine Gründe für die Abberufung des Botschafters genannt wurden. Dieser Test gleicht dem uns schon bekannten «Linda-Test» (Seite 59 ff). Wir haben es wieder mit dem Konjunktionseffekt zu tun, der uns das gleichzeitige Eintreten von zwei oder mehr Ereignissen für wahrscheinlicher halten läßt als ein Einzelereignis ohne Aussage über ein anderes Ereignis. Ein irrationaler Schluß, denn das gleichzeitige Eintreffen von zwei Ereignissen ist *immer* unwahrscheinlicher als das Eintreffen eines einzelnen Ereignisses. Die Wahrscheinlichkeit, daß zwei Ereignisse eintreten, ist geringer als die *geringste* Wahrscheinlichkeit von zwei Einzelereignissen. Was ging also in den Köpfen der Testpersonen vor? Die zweite Situation erschien ihnen einfach anschaulicher und deshalb auch wahrscheinlicher. Ein Irrtum, mit dem wir uns im vorausgegangenen Abschnitt befaßt haben. *Was* aber machte das zweite Ereignis für sie einleuchtender? Die zwei miteinander verknüpften Aussagen bildeten eine Art *Szenario*, eine kleine, die Phantasie anregende Geschichte.

Das folgende Beispiel aus jüngster Zeit zeigt uns, wie stark gewisse mehr oder minder phantastische «Szenarien» unser tägliches Leben beeinflussen können: Am 17. Februar 1992 erschien in der angesehenen *New York Times* ein Artikel mit der Überschrift «Das Pentagon denkt sich neue Feinde aus, die nach dem Ende des Kalten Kriegs bekämpft werden müssen». Die schon damals durchgesetzten drastischen Kürzungen der Militärausgaben «zwangen» das Pentagon gewissermaßen, die folgenden sieben mehr oder minder plausiblen, aber alle der Phantasie entsprungenen Kriegsszenarien zu präsentieren:

1. Irak marschiert in Kuweit und Saudi-Arabien ein.
2. Nordkorea greift Südkorea an.
3. Die beiden Invasionen ereignen sich gleichzeitig.
4. Rußland greift mit Hilfe von Weißrußland von Polen aus Litauen an.
5. Ein Staatsstreich auf den Philippinen gefährdet fünftausend dort lebende US-Bürger.
6. Eine neue Atom-Supermacht mit expansionistischen Zielen tritt auf.

Das Pentagon räumte im übrigen selbst ein, daß die in der Studie genannten Szenarien weder unmittelbar bevorstünden noch unvermeidlich seien, sondern nur illustrative Zwecke hätten. Was den Militärexperten dagegen unvermeidlich und dringend schien, war eine Erhöhung der Verteidigungsausgaben noch für das Finanzjahr 1993/94. Allein aufgrund «möglicher Szenarien für die Zukunft» sollte die Staatskasse also auf der Stelle Milliarden von Dollar herausrücken.

Unsere siebte und schwerste Hauptsünde besteht also darin, daß wir uns bei der Beurteilung von Wahrscheinlichkeiten von Szenarien beeinflussen lassen, selbst wenn wir wissen, daß sie frei erfunden sind. Man könnte diesen Irrtum auch als Othello-Effekt bezeichnen, denn irgendein gerissener und skrupelloser Jago wird ihn immer auszunutzen wissen.

Bevor wir versuchen, Desdemona zu retten, kehren wir aber noch einmal in die achtziger Jahre zurück, in die Zeit, als Tversky und Kahneman ihre Experimente durchführten. In einem der Versuche ließen sie die Versuchsteilnehmer die Wahrscheinlichkeit eines Falls beurteilen, der noch abwegiger ist als der des amerikanischen Botschafters in Rußland. Die Frage lautete: Für wie wahrscheinlich halten Sie es, daß Amerika in Polen einmarschiert? Die Antworten bewegten sich bei eins zu einer Million oder noch weniger. Nehmen wir an, den Probanden wäre damals die folgende Ereigniskette vorgelegt worden: Die Streiks in Polen weiten sich aus, Soldaten schießen in die Menge, Lech Wałęsa wird gefangengenommen. Der Papst reist in einer Friedensmission nach Warschau und wird dort verhaftet. Die Weltöffentlichkeit ist empört. Die Vereinigten Staaten schicken zur Befreiung des Papstes ein Expeditionskorps nach Polen ... Diese Darstellung ist detaillierter, ein Ereignis ist mit dem anderen verkettet, jedes einzelne erscheint uns recht glaubwürdig, vorausgesetzt, die vorigen sind *schon eingetreten*. Glauben Sie nicht, daß die Testpersonen die Wahrscheinlichkeit in diesem Fall doch etwas höher als eins zu einer Million eingeschätzt hätten?

Kognitionspsychologen haben mit ihren Studien und Tests, aber auch anhand von Beispielen aus dem wirklichen Leben vielfach nachgewiesen, daß uns eine überzeugend und anschaulich dargestellte Geschichte dazu bringt, Ereignisse, die wir sonst als absolut unwahrscheinlich ansehen würden, für «objektiv» wahrscheinlich zu halten. Die berüchtigten Protokolle der Weisen von Zion, die eine Fälschung des zaristischen Geheimdienstes waren und dann von den Nationalsozialisten aufgegriffen wurden, schürten den Rassenhaß, obwohl sie nachweislich rein fiktiv waren. Sie sollten denen, die sie lasen, die Möglichkeit einer jüdischen Weltverschwörung vorstellbar machen und haben ihren Zweck gründlich erfüllt. Ich könnte viele ähnliche Fälle nennen, möchte mich hier aber auf die kognitiven Aspekte des Phänomens beschränken.

Werden Ereignisse in plausibler Weise kausal miteinander verknüpft dargestellt, erscheinen sie uns wahrscheinlicher. Es genügt, daß die einzelnen Glieder einer Kette untereinander haltbar sind, und sogleich rückt das letzte Glied unserem geistigen Auge viel näher. Und was anschaulicher ist, wird für uns *ipso facto* auch wahrscheinlicher. Daß das erste Kettenglied unseres Szenarios höchst unwahrscheinlich ist, gerät dabei rasch in Vergessenheit.

Wir befinden uns hier im Bereich der sogenannten zusammengesetzten und hier speziell der *bedingten* Wahrscheinlichkeiten (Wie groß ist die Wahrscheinlichkeit, daß B eintritt, vorausgesetzt, A ist eingetreten?). Die Wahrscheinlichkeit des letzten Kettenglieds ist gegeben durch eine Reihe bedingter Wahrscheinlichkeiten, die man erhält, indem man die Wahrscheinlichkeit jedes einzelnen Glieds, vom ersten bis zum letzten, miteinander *kombiniert*. Da Wahrscheinlichkeitswerte von Natur aus immer kleiner als 1 sind, ist die Wahrscheinlichkeit der ganzen Kette (oder ihres letzten Glieds) zwangsläufig *immer kleiner als die des am wenigsten wahrscheinlichen Glieds*. Diesen Effekt der progressiven *Verringerung* der Wahrscheinlichkeit sehen wir aber nicht. *Das Szenario ist stärker als die Vernunft*. Es macht das letzte Kettenglied für uns leichter *vorstellbar* (das ist eine ganz reale psychologische Tatsache) und mithin wahrscheinlicher. Der im Grunde uralte Trick besteht darin, einen «Weg» zu finden, uns das letzte, absolut unplausible Glied der Kette zugänglich, das heißt vorstellbar zu machen. Auf diesem falschen Weg, dem unsere Phantasie folgt, beruht der «Othello-Effekt».

Stimmen dann einzelne Glieder der Kette gar mit wirklichen Ereignissen überein, ist der armen Desdemona nicht mehr zu helfen! Eine von einem skrupellosen Jago willkürlich konstruierte Erzählkette, die sich auf einige wahre (wahr aus anderen, vielleicht niemandem bekannten Gründen) Glieder «stützt», scheint plötzlich glaubwürdig. Aus der Erzählung wird ein unanfechtbarer «logischer» Beweis, und Jago kann den Zweifel in Gewißheit verwandeln. Er tut es ganz bewußt, und Othello ist leider kein Sherlock Holmes. Ein rational und strikt deduktiv denkender Mensch weiß nämlich, daß die Kette der Wahrscheinlichkeitsschlüsse hinsichtlich Desdemonas Untreue nicht überzeugend ist, weil immer auch die Wahrscheinlichkeit, daß sich die «Indizien» oder «Beweise» auch ohne die Hypothese der Untreue beweisen lassen, gebührend zu berücksichtigen ist. Die Formel von Bayes und ein rationaler Umgang mit zusammengesetzten Wahrscheinlichkeiten kann viele Desdemonas vor einem schrecklichen und zutiefst ungerechten Schicksal bewahren. Werden unsere falschen Denkweisen dagegen von dunklen Leidenschaften noch unterstützt, dann genügt eine gut erdachte «Beweiskette» mit einigen aus irgendwelchen Gründen wahren Gliedern, und die Tragödie nimmt ihren Lauf. Was unplausibel war, wird «plausibel» oder gar «sicher». Eine windige Geschichte, ein unserer Phantasie entsprungenes kleines Szenario genügen, alles andere besorgen unsere natürlichen kognitiven und emotiven Neigungen.

Betrachten wir unsere «sieben Sünden» in ihrem Zusammenwirken oder auch jede für sich allein genommen, kommen wir zu einer nicht gerade erfreulichen Sicht der psychologischen Ursachen vieler menschlicher Verhaltensweisen, ja vielleicht beginnen wir – zu Unrecht – sogar an der menschlichen Vernunft überhaupt zu zweifeln. Daß einige dieser angeborenen Schwächen des menschlichen Geistes, einige dieser falschen Denkweisen inzwischen aufgedeckt wurden, ist schon ein erster Lichtblick. Doch die kognitionswissenschaftliche Revolution steckt noch ganz in den Anfängen, und obwohl die Kognitionswissenschaft rasche Fortschritte macht, ist noch längst nicht alles entdeckt, was es zu entdecken gibt.

Wie umgehen wir den Tunnel des Pessimismus?

Fassen wir zusammen, was wir bisher über unser kognitives Unbewußtes erfahren haben. Ohne daß wir etwas dafür können, einfach deshalb, weil wir zur Spezies Mensch gehören, kommen wir alle mit gewissen mentalen «Scheuklappen» (*biases* oder Tunneln) zur Welt. Um bestimmte Probleme zu lösen, wenden wir spontan und nur teilweise bewußt Daumenregeln oder Heuristiken an, deren konkrete Auswirkungen noch nicht restlos bekannt sind und unter dem allgemeinen Begriff «kognitive Täuschungen» zusammengefaßt werden. Nach dem heutigen Wissensstand können wir über diese kognitiven Täuschungen folgendes sagen: Sie sind

● allgemein, das heißt, alle Menschen erliegen ihnen, zumindest aber die große Mehrheit der Durchschnittsmenschen, die nicht speziell darauf trainiert sind, ihnen zu mißtrauen;

● systematisch, das heißt in vielen ihrer Natur und Komplexität nach ähnlichen Situationen fast exakt reproduzierbar;

● gezielt, das heißt, sie wirken immer in die gleiche Richtung (Ankereffekt, Rahmeneffekt, Segregation etc.); es handelt sich also nicht um bloße Meinungsschwankungen, die uns mal in die eine, mal in die andere Richtung «ziehen»;

● spezifisch, das heißt, sie treten immer im Zusammenhang mit Problemen und Entscheidungen auf, die ganz bestimmte Eigenschaften haben, nicht in jeder beliebigen Lebenssituation;

● extern regulierbar, das heißt, ein gewiefter Testleiter kann sie in systematischer, vorhersehbarer Weise verstärken (oder abschwächen), indem er die Natur des Problems und die Art, wie es präsentiert wird, gezielt abwandelt;

• subjektiv unkorrigierbar (jedenfalls bis zu einem bestimmten Grad), da es nicht genügt, den Betroffenen darauf hinzuweisen, daß er spontan zu bestimmten Fehlern neigt, um diese Neigung zu beseitigen (wer noch nicht daran glaubt, warte das Kapitel «Großes Finale» ab!);

• nicht übertragbar, denn *auch*, wenn wir uns bewußt sind, daß wir bei bestimmten Problemlösungen zu einer bestimmten Art von Fehlern neigen, sind wir nicht dagegen immun, wenn uns das Problem in leicht abgewandelter Form vorgelegt wird;

• unabhängig von Intelligenz und Bildung, denn auch Ökonomen, Mathematiker und erfahrene Experten neigen zu qualitativ gleichen kognitiven Täuschungen wie der Laie, sobald man sie mit einem *scheinbar* komplizierteren Problem konfrontiert.

Alle diese Merkmale rechtfertigen die Bezeichnung «Täuschung» und verringern die Distanz zwischen den kognitiven und den Wahrnehmungstäuschungen (insbesondere den klassischen optischen Täuschungen). Sie sind auch ein zuverlässiger Beweis dafür, daß wir es mit einem Wesenszug der menschlichen Natur und nicht mit «bloßer Dummheit» zu tun haben. Kognitive Täuschungen dürfen nicht mit simplen Denkfehlern und banalen, auf Unachtsamkeit, Zerstreutheit, mangelndem Interesse, Bildungslücken, Dummheit, Schüchternheit, Streß etc. zurückzuführenden Irrtümern und Fehlern verwechselt werden. Wir haben uns hier ausnahmslos mit einem engen Kreis psychisch normaler Testpersonen befaßt, die normal intelligent, aufmerksam, motiviert, aber nicht gestreßt waren (es ging ja bei unseren Antworten weder um Geld noch um die Karriere noch um die Ehre, sondern nur um die Sache selbst). Das Programm der Kognitionswissenschaft besteht darin, die ganz gewöhnlichen mentalen Strukturen des Menschen zu untersuchen, ohne die auf Motivationen, Emotionen, Aggressivität und ähnlichen Ursachen beruhenden verfälschenden Effekte. Die kognitiven Täuschungen sind also ein ganz neues Kapitel nicht nur der Wissenschaft als solcher, sondern auch unseres *Wissens über uns selbst*. Deshalb bilden sie gewissermaßen die «obere Grenze» der Kognitionswissenschaft, die Grenze, wo die Psychologie der spontanen

Prozesse mit der Logik, der Philosophie des Denkens und der Erkenntnistheorie, den Gebräuchen und kollektiven Konventionen, dem Glauben und den Vorurteilen (im traditionellsten Sinne) zusammentrifft.

Die Existenz der kognitiven Täuschungen ist gerade wegen ihrer Beschaffenheit eine höchst beunruhigende wissenschaftliche Tatsache, weil sie unsere Entscheidungen und Urteile auch in *kognitiv und emotiv idealen* Situationen beeinflussen. Wir alle erliegen solchen kognitiven Täuschungen, von denen die Wissenschaft bis vor etwa zwanzig Jahren nichts wußte, auch dann, wenn wir entspannt, konzentriert und bereitwillig sind und nichts zu verlieren oder zu gewinnen haben. Ideologische, soziale, chauvinistische oder rassische Vorurteile können ebenso wie Aggressions- oder Machtinstinkte diese kognitiven Täuschungen verstärken oder ausnutzen, aber auch wenn keiner dieser Faktoren mitspielt, lassen sie sich nie ganz ausschalten. Wie wir gesehen haben, entfalten sie ihre unheilvolle Wirkung fast immer ohne unser Wissen.

Es wäre also zu klären, wodurch sich kognitive Täuschungen von den normalen Grenzen unserer Rationalität unterscheiden, also von den Grenzen, die traditionell und anerkannterweise auf mangelndem Wissen, unvollständigen Informationen, unvorhersehbaren Schwankungen der Phänomene, unserer beschränkten Abstraktionsfähigkeit und unseren begrenzten wissenschaftlichen Kenntnissen etc. beruhen. Zum Glück gibt es hier einen bewährten, altehrwürdigen Korpus *normativer* Theorien, die uns den Hintergrund liefern, vor dem sich Existenz und Natur der kognitiven Täuschungen aufzeigen lassen.

Eine optische Täuschung, eine Sinnestäuschung, wird von uns als Täuschung erkannt, weil wir nachprüfen können, daß die Dinge in der objektiven Realität *nicht so sind, wie sie uns erscheinen*. Ein Astronom weiß, daß Himmelskörper nicht wirklich größer werden, wenn sie parallel zum Horizont bestimmte Zonen des Raums zu «durchqueren» scheinen, daß es sich also um eine optische Täuschung handeln *muß*. Die Strecken der Müller-Lyerschen Figur (Seite 23) *sind* gleich lang, wir können es mit einem Lineal *messen*. Physik, Geometrie, Arithmetik, Wahrscheinlichkeitsrechnung, Logik und Meßkunde sind, vielleicht auf ihrem elementarsten (oder «naivsten») Niveau, solide Grundlagen, auf denen wir unseren Wirklichkeitssinn und unsere Rationalität aufbauen können. Wenn das, was wir zu sehen meinen, anders ist als die objektive, meßbare Realität oder als das, was die Gesetze der exakten Wissenschaften besagen, schließen wir daraus nicht, daß die Logik oder die Mathematik oder die Wissenschaft irrt, sondern eher, daß wir einer Täuschung erliegen.

Ebenso ist sich auch der Kognitionswissenschaftler sicher, daß nicht die normativen Prinzipien der Rationalität umgestoßen werden, wenn wir Entscheidungen und Urteile fällen, die mit diesen Prinzipien unvereinbar sind. Die *systematische* Fehlbarkeit vieler unserer «Urteile bei Ungewißheit» stellt in der Tat keine Negation der Gesetze der Rationalität dar, sondern zeigt, daß wir, ohne es zu merken, oft Intuitionen und mentalen Strategien folgen, die mit den Geboten der Rationalität wenig zu tun haben. Diese Denkstrategien sind keine Alternative zur Rationalität und auch keine «alternative Rationalität». Die Zeit der «alternativen» Lösungen ist zum Glück vorbei. Wir dürfen heute weder die Bedeutung dieser Entdeckungen abstreiten oder schmälern noch die Werte der Rationalität im eigentlichen Sinne verleugnen. Wir haben erkannt, daß unser Geist spontan eine Art Abkürzung wählt, einen leichteren Weg, der aber nicht in dieselbe «Gegend» führt, in die uns die «Hauptstraßen» der Vernunft führen würden. Daß diese intuitiven «Abkürzungen» uns zu derselben Stelle führen würden wie Vernunft und exaktes Rechnen, hat kaum einer von uns erwartet, doch waren wir der Meinung, wenigstens in die Nähe davon zu gelangen. Die Wissenschaft hat aufgedeckt, daß dem nicht so ist, was nicht bedeutet, daß eine «andere» Auffassung von Rationalität oder eine allgemeine Schwäche unserer Urteilskraft zutage tritt, sondern eher, daß nun eine *rationale* Revision unseres *spezifischen* subjektiven Vertrauens in spontanes Urteilen und seine «Methoden» einsetzt.

Bevor ich zum Schluß komme, möchte ich betonen, daß die kognitionswissenschaftliche Umwälzung, die zur Zeit im Gange ist, *konstruktiv* und nicht destruktiv ist. Sie führt zu einer Vertiefung der Rationalität, nicht zu einer Schwächung oder gar Abwertung. Zwei repräsentative Beispiele der normativen Rationalitätstheorie, aus der Mathematik und aus der Logik, sollen dies verdeutlichen. Mathematik und Logik sagen uns, wie in Modellsituationen korrekt zu entscheiden und rational fundiert zu urteilen ist. Wir werden den grundlegenden Unterschied zwischen der Entdeckung unserer kognitiven Täuschungen und einer echten *Krise* der Rationalität leicht erkennen. Es handelt sich um zwei ganz verschiedene Phänomene.

Ein Mathematikerteam hat vor kurzem die Auflösung einer astronomisch hohen Zahl in das Produkt zweier kleinerer (aber natürlich immer noch sehr hohen) Zahlen bekanntgegeben. Um diese Aufgabe zu lösen, mußten Mathematiker aus vielen Ländern an den größten Computern, die es heutzutage gibt, Tausende von Stunden rechnen. Die *New York Times* brachte die Meldung zu Recht auf der ersten Seite. Bis dahin hatte niemand gewußt, ob diese Zahl überhaupt in das Produkt zweier kleinerer Zahlen zerlegt werden *kann*. Es hätte sich ja auch um eine Primzahl handeln können. Wäre ein Mathematiker nach langem Nachdenken und vielen Stunden Arbeit am Computer irrtümlich zu dem Schluß gekommen, eine Primzahl vor sich zu haben, wäre dies *keine* kognitive Täuschung gewesen, sondern ein rationaler, wenn auch falscher Schluß. Sein Fehler wäre auf eine Grenze seines Verstandes und nicht auf eine kognitive Täuschung zurückzuführen.

Nehmen wir dagegen unseren Fall mit dem in fünf Sekunden geschätzten Produkt aus mehreren Zahlen (Seite 44). Innerhalb von etwa einer Minute könnte man die Zahlen im Kopf multiplizieren, und mit genügend Zeit, einem Bleistift und Papier oder einem Taschenrechner läßt sich das korrekte Ergebnis ermitteln. Da das Kommutativgesetz gilt, ist nicht zu erwarten, daß die Gruppe, die mit $2 \times 3 \times 4 \times 5$ zu rechnen beginnt, zu einem anderen Ergebnis kommt als die zweite, die mit der größten Zahl anfängt ($8 \times 7 \times 6 \times 5$). Nun stellen wir uns zwei hypothetische Fälle vor: Im ersten Fall wird einem Teilnehmer an unserem Versuch, der das Produkt geschätzt hat, mitgeteilt, daß das richtige Ergebnis größer als 40 000 ist. Falls er es nicht glaubt, darf er nachrechnen. Im zweiten Fall findet die Testperson heraus, daß das *reale* Produkt anders ist, wenn die Reihenfolge der Faktoren vertauscht wird (wie gesagt, ein völlig hypothetischer Fall, der vielleicht unter Drogeneinfluß oder mit einem geschickt manipulierten Taschenrechner zustande gekommen ist). Der Proband in Fall 1 wird es erstaunlich und interessant finden, sich dermaßen verschätzt zu haben; er wird *mit*

Recht der Ansicht sein, daß er etwas *über sich selbst* (über seine Gewohnheiten beim Kopfrechnen) erfahren hat. In Fall 2 dagegen wäre die Testperson schockiert, und alle ihre arithmetischen Gewißheiten wären erschüttert. Sie würde glauben, einen ernsthaften Defekt im rationalen Gebäude der Welt entdeckt zu haben. Nun könnte man sich weiter vorstellen, wie ein geschickter und zynischer Psychologe dieser Person einredet, daß das *effektive* Produkt nicht kommutativ ist, und sie so an den Rand des Wahnsinns treibt. Jeder sieht, daß es sich um zwei grundverschiedene Fälle handelt. Im ersten Fall haben wir es mit der Reaktion von jemandem zu tun, der auf eine kognitive Täuschung hingewiesen wurde, im zweiten, hypothetischen Beispiel hat jemand das Gefühl, die Grundprinzipien der Rationalität seien zusammengebrochen. In diesem Buch haben wir Fälle der ersten, nicht der zweiten Art kennengelernt. Der Unterschied ist einleuchtend, aber vielleicht war es doch nicht ganz überflüssig, ihn noch einmal zu betonen.

Das Identitätsprinzip und die Psychologie der Ähnlichkeit

Zwei logische Grundprinzipien besagen, daß jedes Ding mit sich selbst identisch ist und daß keine vernünftige Aussage zugleich richtig und falsch sein kann. Als die Logiker davon abweichenden Fällen begegneten wie dem bekannten Lügnerparadox (der Satz: «Alles, was ich sage, ist falsch» ist dann und nur dann wahr, wenn er falsch ist, und dann und nur dann falsch, wenn er wahr ist), gaben sie sich alle Mühe, sie zu beseitigen oder zu erklären oder effizientere Logiken zu konstruieren. Die Rationalität geriet in eine Krise, aus der die größten Mathematiker und Logiker der Welt jahrzehntelang einen Ausweg suchten. Berühmte Denker wie Gottlob Frege, Bertrand Russell, Kurt Gödel, Alan Turing, Alonzo Church und John von Neumann sind dabei zu legendär gewordenen Erkenntnissen gelangt. Diese Krise der Rationalität hat Biographien, Romane, Theaterstücke und unzählige Doktorarbeiten hervorgebracht. Niemand hielt die Krise der traditionellen Logik und Mengentheorie für eine kognitive Täuschung. Man sah darin vielmehr die reale, objektive Grenze der klassischen Theorien.

Betrachten wir jetzt einen ganz anderen Fall, den ich hier in sehr knapper Form darstellen möchte. Eleanor Rosch, Edward Smith, Douglas Medin, Daniel N. Osherson, Daniel Kahneman, Amos Tversky, Steven Pinker und viele andere Psychologen und Kognitionswissenschaftler haben untersucht, wonach ein normales menschliches Wesen (sagen wir ab vier, fünf Jahren) beurteilt, wie ähnlich beziehungsweise unähnlich zwei Exemplare einer bestimmten Kategorie sind. Nehmen wir die Kategorie «Vogel». Die Versuchsteilnehmer sollen Karten mit je zwei Exemplaren (als Wort oder Bild) nach dem Ähnlichkeitsgrad ordnen, zum Beispiel Spatz und Kanarienvogel, Ente und Pinguin etc. Sie stellen also eine *subjektive* Ähnlichkeitsskala auf, das heißt, sie geben an, ob *ihrer Ansicht nach* der Kanarienvogel dem Spatz ähnlicher ist als die Ente dem Pinguin oder ob ein Kanarienvogel einer Ente ähnlicher ist als einem Fasan. Diese intuitiven Antworten können mit speziellen mathematischen Methoden meßbar gemacht werden, so daß sich präzise «Ähnlichkeitsgefälle» ergeben.

Wenn wir solche Fragen nach der Ähnlichkeit beantworten, «zerlegen» wir im Geist den Begriff «Spatz», «Pinguin», «Pelikan» etc. größtenteils unbewußt (durch geeignete Fragen ist dieser Vorgang aber zum Teil explizit rekonstruierbar) in bestimmte Merkmale (*features*). Die intuitiven Urteile, welches Merkmal für eine bestimmte Spezies besonders typisch oder weniger typisch ist (etwa auf einer kontinuierlichen Skala von 100 bis 0 Prozent), stimmten bei allen Probanden erstaunlich gut überein. Osherson und seine Mitarbeiter am Massachusetts Institute of Technology fanden dies bestätigt, als sie vor kurzem ein Experiment durchführten, bei dem fünfundachtzig charakteristische Eigenschaften fünfzig Säugetierarten zugeordnet werden sollten. Die «typischen» Merkmale etwa der Kategorie «Vogel» werden rekonstruiert aufgrund von Urteilen über Größe, Zahmheit, Schnabelform, Häufigkeit der Begegnungen mit dem Menschen, Flugfähigkeit, Dichte des Federkleids, Nähe seines natürlichen Lebensraumes zu menschlichen Siedlungen oder Grad der Zärtlichkeit, die er erweckt. Wie Kognitionswissenschaftler genau festgestellt haben, führen wir bei der intuitiven Einstufung der Ähnlichkeit zwischen zwei Exemplaren einen raschen und größtenteils unbewußten Kalkül durch, wie viele und welche Merkmale die beiden Exemplare gemeinsam *und* wie viele und welche Merkmale sie *nicht* gemeinsam haben. Dabei haben nicht alle Eigenschaften das gleiche «Gewicht», und wir verfügen auch nicht für alle Exemplare der Kategorie «Vogel» über die gleiche Anzahl von Informationen. Manche Eigenschaften sind «diagnostischer» als andere. Auch ist ein Merkmal so gut wie nie einfach vorhanden oder nicht vorhanden, sondern es ist «mehr oder weniger» (etwa zu einem bestimmten Prozentsatz) vorhanden.

Ich möchte mich hier nicht bei den technischen Einzelheiten dieses

Kalküls aufhalten, sondern nur darauf hinweisen, daß es heute raffinierte und sehr präzise mathematische Theorien gibt, um die mentalen Regeln, die wir bei dieser Ähnlichkeitseinstufung *unbewußt* anwenden, genau zu beschreiben. So läßt sich ein durchschnittlicher subjektiver Abstand einer beliebigen Art (zum Beispiel Spatz) von *allen anderen Vogelarten* messen. Dies geschieht anhand von entsprechenden Diagrammen, an denen wir dann sehen können, wie weit der Spatz durchschnittlich (also gemittelt aus Hunderten von Fragebögen) vom Kanarienvogel, die Ente vom Pelikan etc. entfernt ist. Mit Hilfe solcher Diagramme können wir diese Entfernungen buchstäblich messen, also zum Beispiel in Zentimetern.

Die Ergebnisse waren erstaunlich. Vor allem stellte sich heraus, daß wir die Spezies «Vogel» so unter die Arten, die Gegenstand dieser Ähnlichkeitsvergleiche waren, einordnen können, als sei die Kategorie als ganzes *selbst eine Spezies* wie Spatz, Pelikan, Kanarienvogel, Pinguin etc. Die Arten, die dieser anomalen «Spezies» (der «Spezies» Vogel *allgemein*) am nächsten sind, gelten als die «typischsten». Diese spontane Operation, die wir im Geist vornehmen, ist eine regelrechte Ohrfeige für die Mengenlehre und die formale Kategorienlehre. Denn für unsere Psyche ist die Gesamtmenge auf der gleichen Allgemeinheitsebene wie ihre einzelnen Elemente. Mathematikern sträuben sich die Haare.

Kinder wie Erwachsene stufen ohne Zögern den Kanarienvogel als «typischeren» Vogel ein als den Pinguin, obwohl niemand daran zweifelt, daß der Pinguin ein Vogel ist. Ein Kanarienvogel oder ein Spatz ist für uns alle ein besserer Vertreter des Begriffs Vogel als ein Pinguin oder ein Tukan. Das gleiche gilt auch für andere Kategorien. Der Apfel ist für uns ein typischeres Obst als die Kokosnuß, ein LKW ein typischeres Fahrzeug als ein Aufzug, Salat ein typischeres Gemüse als Radieschen, die Mona Lisa ein typischeres Kunstwerk als der Eiffelturm, die Maus ein typischeres Säugetier als das Nilpferd etc. Lila Gleitman, Henry Gleitman und ihr Forscherteam an der Penn University in Philadelphia haben bei ihren Versuchen festgestellt, daß die Zahl Sieben *subjektiv* ein besseres Exemplar einer «ungeraden Zahl» ist als 51, und die 4 beispielhafter für «gerade Zahlen» als etwa 196, und zwar auch in den

Augen von Testpersonen, die sich der mathematischen Definition gerader und ungerader Zahlen voll und ganz bewußt sind.

Wir unterliegen dem «Prototypeffekt», *obwohl* wir die genaue Definition des mathematischen Begriffs «gerade Zahlen» kennen, sowie wir uns bei der Schätzung eines Produkts durch den «Ankereffekt» in die Irre führen lassen, *obwohl* wir das Kommutativgesetz kennen.

Anstatt den Versuchspersonen Fragebögen vorzulegen, kann man jeden Probanden auch direkt fragen, was für eine Kategorie typischer ist, oder ihm auf einem Bildschirm realistische oder schematische Zeichnungen zeigen, wobei er auf einen Knopf drücken muß, wenn er einen Vogel (beziehungsweise Fahrzeug, Kunstwerk, gerade Zahl) sieht. Dabei werden in sehr raschem Wechsel typische und untypische Exemplare sowie Nichtexemplare gezeigt oder auch Bilder mit komplizierten Szenen oder vielen unterschiedlichen Gegenständen. Wie sich immer wieder deutlich zeigte, erfolgt die Reaktion des Erkennens um so rascher, je «typischer» das gezeigte Exemplar für seine Kategorie ist. Dies gilt auch für extrem kurzes Zeigen, an der Grenze zum «Subliminalen», zum Nichtwahrnehmbaren, mit Antwortzeiten von wenigen Sekundenbruchteilen.

Alle diese Versuche beweisen übereinstimmend die solide *psychologische Realität* der Vorstellung des *Typischen eines Exemplars für eine bestimmte Klasse* (Vogel, Gemüse, Fahrzeug, Säugetier etc.). Wie typisch ein Exemplar ist, wird dann am *Abstand* zwischen dem Exemplar und der Kategorie als solcher gemessen (Abstand Kanarienvogel – Vogel oder Pinguin – Vogel). Solche Tests wurden für die verschiedensten Kategorien aus der Natur (Vogel, Tier, Obst, Gemüse etc.), für künstliche Erzeugnisse (Fahrzeug, Möbelstück etc.) und gesellschaftlich definierte Begriffe (Kunstwerk, Verwandter, Museum, Gefängnis, Insel, Nation etc.) durchgeführt. Da wir in den früheren Kapiteln gesehen haben, wie leicht wir uns von einer Ähnlichkeit zu bestimmten Fehlschlüssen verleiten lassen, war es sicher nutzlich, die psychologische Natur dieses Begriffs zu erläutern. Auch hat man noch mehr Überraschendes über ihn herausgefunden.

Klug konstruierte Tests zur intuitiven Ähnlichkeitseinstufung haben nämlich gezeigt, daß für uns zum Beispiel Nordkorea China *ähnlicher* ist als China Nordkorea, daß das Rolls-Royce-Emblem für uns mehr Ähnlichkeit mit der Nike von Samothrake hat als die Nike von Samothrake mit dem Rolls-Royce-Emblem, daß die Tochter der Mutter ähnlicher ist als die Mutter der Tochter etc. Es klingt absurd, und doch ist es genau das, was wir in einer Ecke unseres Gehirns insgeheim und im verborgenen, aber *tatsächlich* denken. Die Ergebnisse psychologischer Tests haben es klar erwiesen!

Diese subjektive Asymmetrie bei solchen Ähnlichkeitsbewertungen ist darauf zurückzuführen, daß für uns einer der beiden Begriffe (in unserem Fall China, die Nike von Samothrake, die Mutter) «repräsentativer» beziehungsweise «bekannter» ist als der andere (Nordkorea, das Rolls-Royce-Emblem, die Tochter). Besonders stark wirkt dieser Effekt, wenn wir über einen bekannten Begriff *mehr wissen* als über einen anderen, als ähnlich eingestuften, aber weniger bekannten. **Die Ähnlichkeit eines weniger bekannten Objekts mit einem bekannten Objekt erscheint uns** *größer* **als die Ähnlichkeit im umgekehrten Fall.**

Dies ist eine aus der Sicht der normativen Rationalität absonderliche und paradoxe Tatsache und dennoch eine in Tests zweifelsfrei reproduzierbare subjektive psychologische Realität. In seiner abstrakten Definition beinhaltet der Begriff Ähnlichkeit Symmetrie, unsere Psyche jedoch stellt ihn uns als asymmetrisch dar. Darüber hinaus ist die subjektive Ähnlichkeit nicht transitiv, das heißt, in unseren Augen ist A ähnlich B und B ähnlich C, aber A ganz und gar *nicht* ähnlich C. Wichtig sind dabei die Worte «ganz und gar nicht». Denn natürlich kann die Ähnlichkeit zwischen A und C geringer sein, daß sie aber ganz verschwindet, wenn weiterhin gilt, daß A ähnlich B und B ähnlich C, ist alles andere als einleuchtend. Dazu ein einfaches Beispiel. Vor den politischen Umwälzungen der jüngsten Zeit waren viele Leute der Ansicht, Kuba habe ziemlich viel Ähnlichkeit mit Jamaika, aber auch mit der Sowjetunion. Zugleich wurde Jamaika für der Sowjetunion ganz und gar *unähnlich* gehalten. Uns erscheint dies recht normal, aber dadurch erschwert sich die Konstruktion einfacher Modelle unseres mentalen «Raums» subjektiver Ähnlichkeiten. Wenn Ähnlichkeit *nicht* transitiv ist, dann lassen sich die Abstände auf den von Kognitionswissenschaftlern erstellten «Landkarten» der subjektiven Ähnlichkeiten zwar messen, aber *nicht* summieren oder zu Dreiecken formieren. Der mentale Raum unserer subjektiven Ähnlichkeiten hat eine ziemlich verzerrte Topologie und ist jedenfalls kein euklidischer Raum.

Zudem lassen sich unsere Ähnlichkeitsurteile *nicht* gemäß den klassischen und universellen Konjunktions- und Disjunktionsoperatoren verknüpfen oder zerlegen, wie sie hingegen für Mengen in mathematischem Sinne gelten. Der «typischste» Jagdhund ergibt sich nicht aus der Kombination «typischster» Hund und «typischster» Jagdgegenstand. Das Zentrum der konjunktiven Kategorie «Jagdhund» ist *nicht* gegeben durch die Verknüpfung der jeweiligen Zentren und auch nicht durch den «Schwerpunkt» der einzelnen Kategorien («Hund» und «Jagd»), die die Konjunktion bilden. Das beste Exemplar einer chinesischen Statue, ihren «Prototyp», erhält man nicht, indem man im Geist das beste Exemplar einer Statue als solcher mit dem besten Exemplar eines chinesischen Gegenstands verknüpft. Das typischste Exemplar eines «Aquariumfisches» (*pet fish*) für Kinder ist der Guppy, der ein mittelmäßiger Vertreter eines Fisches und ein mittelmäßiger Vertreter eines Haustiers (*pet*) darstellt. Ein hervorragendes Exemplar eines Küchenwerkzeugs (etwa das Wiegemesser) ist ein mittelmäßiges Exemplar eines Werkzeugs im allgemeinen. Ein sehr guter Vertreter der konjunktiven Kategorie «rotbrauner Hund» (zum Beispiel ein irischer Setter) ist ein mittelmäßiger Vertreter eines Hundes und ein sehr schlechter Vertreter von etwas Rotbraunem ganz allgemein.

Aus diesen und anderen technischen Gründen, die wir hier übergehen können, sind die Kategorien, die wir uns beim Denken und Sprechen spontan bilden, keine Mengen im Sinne der klassischen Mathematik und auch keine unscharfen Mengen (*fuzzy sets*), zu welchen ein bestimmter Begriff mehr oder weniger gehört, in abgestuften, von null bis hundert Prozent reichenden Graden. Viele psychologische Naturkategorien (Vogel, Hund, Säugetier, Möbelstück, Fahrzeug, Insel usw.) sind um einen *Prototyp* «zentriert» und besitzen ganz spezielle Eigenschaften, die derzeit Gegenstand zahlreicher Studien und Experimente sind.

Das merkwürdigste, ja buchstäblich Paradoxe dabei ist, daß eine Kategorie psychologisch nicht einmal *immer sich selbst vollkommen ähnlich ist.* Auch hier muß man stufenweise konstruierte Tests durchführen, denn wenn die Frage direkt gestellt wird, gibt natürlich niemand zu, daß er wirklich in dieses logische Paradox verfällt. Tversky hat jedoch nachgewiesen, daß es zu unserer Psyche gehört, eine Kategorie, über die wir viel wissen (zum Beispiel die europäischen Länder), intuitiv als identischer mit sich selbst einzustufen als eine Kategorie, über die wir wenig wissen (zum Beispiel die afrikanischen Länder, die Mitglieder der Vereinten Nationen sind). Tverskys Testergebnissen zufolge gilt dies sogar für einzelne Komponenten einer Kategorie, was bedeutet, daß jeder von uns irgendwo in seinem Kopf intuitiv denkt, Italien sei mit sich selbst identischer, als Brunei mit sich selbst identisch ist. Um uns bewußtzumachen, daß ein solches Urteil wirklich irgendwo in unserem Kopf vorhanden ist, müssen Psychologen präzise und detailliert unsere subjektive «Landkarte» der Ähnlichkeiten aufzeichnen, die wir dann Punkt für Punkt konsequent durchgehen, wobei wir *ganz konsequent* bei unseren Intuitionen bleiben müssen. Da die Ähnlichkeit eines nichtrepräsentativen mit einem repräsentativen Gegenstand größer ist als ungekehrt, hat bei der Rückkehr zum Ausgangspunkt die Ähnlichkeit in manchen Fällen *zugenommen* (der Gegenstand ist sich selbst jetzt ähnlicher), während sie in anderen Fällen *geringer* geworden ist (der Gegenstand ist sich selbst jetzt weniger ähnlich).

Diese impliziten Urteile, die sich experimentell aufzeigen lassen, sind so offensichtlich paradox, daß nicht alle Kognitionswissenschaftler von ihrer psychischen Realität überzeugt sind. Einige, zum Beispiel Osherson, Smith, Shafir und Stob, räumen die Nichtbeibehaltung von Symmetrie und Identität für Kategorien als ganzes ein, nicht dagegen für die einzelnen Gegenstände, die sie enthalten. Andere (wie der Psychologe Gerd Gigerenzer) streiten die Existenz solcher Urteile auch für ganze Kategorien ab. Die Auseinandersetzung ist noch voll im Gange, und es würde zu weit führen, hier im einzelnen darauf einzugehen. Ich wollte Ihnen nur eine Vorstellung vermitteln, auf was für komplexe Probleme man bei der «Kartierung» unserer spontanen, alltäglichen Denkweisen auch hinsichtlich der fundamentalsten logischen Grundsätze stößt.

Kommen wir noch einmal auf das Lügnerparadox zurück. Es besteht natürlich ein großer Unterschied zwischen der Entdeckung eines *echten logischen Paradoxons* und einer kognitiven Täuschung wie der obengenannten (Italien ist sich ähnlicher, als sich Brunei ähnlich ist, oder Säugetiere sind sich ähnlicher, als sich Hohltiere ähnlich sind). Das Lügnerparadox ist eine objektive, allgemeingültige Erkenntnis über die Struktur formaler Sprachen. Auch ein intelligenter Marsmensch oder ein Superrechner, der nach der formalen Logik funktioniert, wird *notwendigerweise* erkennen, daß die Aussage «Dieser Satz ist falsch» nur wahr ist, wenn er falsch, und nur falsch, wenn er wahr ist. Das Lügnerparadox ist für jedes beliebige intelligente System, das Zugang zu einer bestimmten Art der formalen Sprache hat, ein Paradox. Das in unseren intuitiven Urteilen über Ähnliches und Typisches enthaltene Identitätsparadox wäre dagegen eine besondere, auf die Spezies Mensch beschränkte Eigenart. Der Marsmensch würde sich über solche Ähnlichkeitsbewertungen vermutlich sehr wundern. Er hätte damit eine *empirische* Entdeckung über die seltsame Spezies namens Homo sapiens gemacht, aber keine Entdeckung über die Grenzen der Rationalität.

Wir können beruhigt den Schluß ziehen, daß unser ganz «privates» Ähnlichkeitsparadox nicht die Logik und unseren Rationalitätsbegriff in die Krise stürzt, sondern lediglich die verbreitete Theorie, die normative Rationalität und insbesondere die klassische Logik seien ein naturgetreues Abbild unserer tatsächlichen Denkweise. Es erschüttert die psychologische Hypothese, daß wir uns *tatsächlich* von der Rationalität leiten lassen, aber es erschüttert keineswegs die erkenntnistheoretische und ethische Hypothese, daß wir stets danach *streben sollten*, uns von der Rationalität leiten zu lassen. Tatsächlich ist uns unser subjektiver Hang zur Irrationalität *peinlich*; wir wissen also, daß wir den idealen Normen der Vernunft und nicht unseren «wilden» Intuitionen folgen sollten.

Die universellen Prinzipien der Logik, der Arithmetik und der Wahrscheinlichkeitsrechnung haben für kognitive Täuschungen die gleiche Funktion wie die Grundsätze der Optik, der Geometrie, der Astronomie und der klassischen Physik für optische Täuschungen: Sie sagen uns, wie wir sehen beziehungsweise denken *sollten*, nicht wie wir tatsächlich denken oder sehen. Führt uns unsere Intuition zu Ergebnissen, die mit der Logik unvereinbar sind, dann schließen wir daraus, daß unsere Intuition falsch ist, nicht, daß die Logik in der Krise steckt. In diesem Sinne sind kognitive Täuschungen den optischen Täuschungen ähnlicher als den echten Paradoxa der Logik.

Vernünftig-optimistische Schlußfolgerung

Aus diesen Entdeckungen der Kognitionswissenschaft dürfen wir keineswegs den Schluß ziehen, der Mensch sei im Grunde irrational. Vielmehr ist Rationalität ein Ideal von komplexer Gestalt, das wir *von Natur aus* als *Grenzfall* anstreben. Die Normen rationalen Entscheidens, Urteilens und Verhaltens gehen *nicht* als bloße ideale Verlängerung aus den spontanen psychischen Normen hervor, die unsere tatsächlichen Entscheidungen bestimmen. Unsere spontane Psyche ist nicht «halbwegs» vernünftig und rational, und die ideale Rationalität ist nicht eine Art von «bereinigter» spontaner Denkweise. Bei spezifischen Inhalten und in spezifischen Situationen weichen die Wege der Rationalität und die «Tunnel» in unserer Psyche drastisch voneinander ab. Wir dürfen daraus aber nicht den pessimistischen Schluß ziehen, daß unsere Spontanurteile im Widerspruch zum idealen rationalen Denken stehen. Sie stehen weder im Widerspruch zu ihm, noch stimmen sie mit ihm überein. «Die» Vernunft ist keine angeborene «Fähigkeit», die spontan und mühelos in uns wirkt. Rationales Denken mobilisiert viele verschiedene Fähigkeiten, die manchmal zueinander im Widerspruch stehen. Rationalität ist also keine unmittelbare psychische Gegebenheit, sondern sie muß erarbeitet und dann mit einer gewissen Mühe ständig trainiert werden. Aus der von mir präsentierten Auswahl mentaler Tunnel lernen wir, daß kognitive Täuschungen wirklich Täuschungen *sind* und daß ideale Rationalität ein *Ideal* ist. Der reale (nicht nur der psychische) Preis, den es kostet, wenn wir bei unseren kognitiven Täuschungen bleiben, wäre weit höher als der der mentalen Anstrengung, sie zu überwinden.

Allein schon die Tatsache, daß wir sie erkennen, zeigt ja, daß uns die Natur Verstand genug gegeben hat, um eine allgemeingültige Rationalitätstheorie zu konstruieren und zu begreifen, daß wir uns von ihr leiten lassen müssen, wenn wir rational denkende und handelnde Menschen werden wollen. Rationalität ist also keine Fähigkeit, keine garantierte Begabung, über die der Mensch spontan verfügt. Wir sind aber von Natur aus befähigt, eklatante innere Widersprüche zu erkennen und abzulehnen, und wir verfügen über die Grundlagen, um rationales Denken zu entwickeln und zu verfeinern. Was wir in diesem Buch gesehen haben, sollte uns also weder pessimistisch noch optimistisch stimmen. Seien wir einfach realistisch. Es geht darum, unsere Grenzen zu erkennen und uns mit ihrer «Geographie» vertraut zu machen, die normativen Theorien der Rationalität weiterzuentwickeln und im Licht dieser Theorien *und* im Wissen um unsere natürlichen Grenzen unser Denken zu verbessern.

Großes Finale: ein Supertunnel

Schon mehrfach habe ich angedeutet, daß es mentale Tunnel gibt, in die sich sogar berühmte Wissenschaftler, Nobelpreisträger für Physik und illustre Mathematikprofessoren verirren, ohne es zu merken. Die meisten dieser Probleme, mit denen sich so kluge Köpfe in die Falle locken lassen, sind in der Formulierung ziemlich kompliziert, der Typ von Tunnel, in den sie führen, ist uns aber von anderen Beispielen her bekannt. Eines dieser Probleme oder Rätsel läßt sich jedoch ganz einfach darstellen. Es handelt sich um das berühmte Monty-Hall-Paradox (oder -Dilemma), das in der Weltpresse Schlagzeilen machte und sogar in Fernsehshows aufgegriffen wurde. Benannt ist es nach dem in den USA sehr bekannten Moderator einer Fernsehshow mit dem Titel «Let's make a deal».

Eine erste Version dieses Rätsels, das sogenannte Dilemma der drei Gefangenen, stammt aus dem Jahr 1959. Martin Gardner, berühmter Verfasser von mathematischen Denksportaufgaben, veröffentlichte es in der Zeitschrift *Scientific American* und nannte es *wonderfully confusing*, herrlich verwirrend. Eine noch raffiniertere und verwirrendere Version erschien 1976 in der auf statistische Mathematik spezialisierten Zeitschrift *American Statistician*. Mein berühmter Kollege Daniel N. Osherson, nicht nur einer der größten Kognitionswissenschaftler, sondern einer der größten Wissenschaftler überhaupt, präsentierte es im Herbst 1989 seinen Schülern am Massachusetts Institute of Technology und verblüffte damit uns alle. Wenige Wochen später stellte ich das Problem bei einem CNR-Kongreß in Rom vor, und ein gewitzter Journalist der *Unità* veröffentlichte es nach einem Interview mit mir in seiner Zeitung. Eine weitere von mir verfaßte Version erschien in der von Giulio Macchi herausgegebenen Zeitschrift *Sfera*. Zu meiner Freude trafen alsbald Protestbriefe von Lesern bei mir ein, die mit meiner Lösung des Problems nicht einverstanden waren.

Das war aber alles nichts gegen die Lawine von empörten (und beleidigenden) Leserbriefen, die dann bei Marilyn Vos Savant eingingen, der Frau mit dem laut *Guinness-Buch der Rekorde* höchsten Intelligenzquotienten der Welt, nachdem sie am 2. Dezember 1990 die gleiche Denksportaufgabe im *Parade Magazine* veröffentlicht hatte. Sie soll über zehntausend Briefe erhalten haben. Ihre Denkaufgabe wurde in über tausend amerikanischen Schulklassen diskutiert und soll sogar die amerikanischen Piloten während des Golfkriegs beschäftigt haben. Der Moderator Monty Hall machte das Problem bald darauf zum Thema einer Live-Fernsehsendung. Da ich in einem Artikel in der Zeitschrift *Bostonia* auf das Problem eingegangen war, erhielt ich selbst etwa zweihundert bis zu zwanzig Seiten lange Briefe von größtenteils ungläubigen oder verärgerten Lesern, darunter auch einem Mathematikprofessor. Im April desselben Jahres legte ich das Problem in Triest einem Kreis renommierter Physiker vor, die alle, wie ich bezeugen kann, zunächst darauf reingefallen sind. Ebenso aber kann ich bezeugen, daß sie die richtige Lösung dann alle ohne Ausnahme akzeptiert haben – im Gegensatz zu den Lesern von Frau Vos Savant und meinen zweihundert *Bostonia*-Lesern. Am 21. Juli 1991 schließlich wurde dem Monty-Hall-Problem die Ehre zuteil, mit einer Zusammenfassung seiner Geschichte auf Seite eins der angesehenen *New York Times* veröffentlicht zu werden. Keine andere kognitive Täuschung hat einen derart noblen «Stammbaum»!

Es folgt eine anschauliche Version des berühmten Rätsels.

Das Spiel mit den drei Schachteln

Wir haben drei Schachteln, jede mit einem Deckel, und einige Zehnmarkscheine. Das Spiel muß sehr oft gespielt werden, sagen wir hundertfünfzig- oder dreihundert- oder fünfhundertmal. Die genaue Zahl spielt keine Rolle, wir nehmen einfach an, daß wir genug Geld dafür haben.

Sie verlassen den Raum, und während Sie draußen sind, lege ich einen Zehnmarkschein in eine der drei Schachteln und mache alle drei wieder zu. Sie kommen herein und dürfen nun raten, in welcher Schachtel sich das Geld befindet. Jedes Spiel besteht aus zwei Teilen: Sie zeigen auf eine der drei Schachteln, die vorerst geschlossen bleibt. Wenn Sie gewählt haben, öffne ich eine andere Schachtel, natürlich eine leere, denn ich weiß ja, in welcher ich das Geld versteckt habe. Haben Sie sich also für eine leere Schachtel entschieden, öffne ich auf jeden Fall die zweite leere Schachtel. Haben Sie, ohne es zu wissen, auf die richtige Schachtel gedeutet, öffne ich eine der beiden leeren. Sie haben also zwei geschlossene Schachteln vor sich, und in einer von beiden steckt *mit Sicherheit* der Geldschein.

Nun gebe ich Ihnen die Möglichkeit, entweder bei Ihrer ersten Entscheidung zu bleiben oder zu wechseln und die andere Schachtel zu wählen. Ist Ihre zweite, also endgültige Entscheidung richtig, bekommen Sie die zehn Mark. Dann gehen Sie wieder hinaus, und die nächste Spielrunde beginnt.

Die Frage: Was ist besser für Sie – bei Ihrer ersten Entscheidung zu bleiben oder zu wechseln? Welches ist die bessere Strategie?

Überlegen Sie und fragen Sie auch die Scharfsinnigsten unter Ihren Freunden, denen Sie aber vorerst noch nicht sagen sollten, daß sogar Nobelpreisträger falsch geantwortet haben und nicht einsehen wollten, daß sie sich irrten.

Ich selbst habe die unterschiedlichsten Antworten erhalten: Die einen waren überzeugt, man solle *immer* wechseln, andere dagegen erklären entschieden, daß es *grundsätzlich* richtig sei, bei der ersten Wahl zu bleiben. Wieder andere meinen, es sei egal, ob man wechselt oder nicht, oder man solle in fünfzig Prozent der Fälle wechseln und in fünfzig Prozent an der ersten Entscheidung festhalten. Es gibt sogar Leute, die behaupten, eben weil es völlig egal sei, solle man immer wechseln, und andere, die aus genau demselben Grund rieten, immer bei der ersten Schachtel zu bleiben. Wenn man sie nach dem Warum fragt, antworten sie «Einfach so!» oder: «Ich bin eben konservativ» oder: «Ich bin immer fürs Neue!» Einen Rat möchte ich Ihnen auf jeden Fall geben: Stellen Sie diese Aufgabe nie in einer größeren Gesellschaft, die Leute könnten sich sonst die Köpfe einschlagen!

Um etwas Ordnung in das verwirrende Durcheinander zu bringen, sage ich eines am besten gleich: Würde es wirklich überhaupt keinen Unterschied machen, ob man wechselt oder nicht, betrüge also die Wahrscheinlichkeit, den Geldschein zu bekommen, *wirklich* fünfzig Prozent, dann gäbe es keinen Grund zu wechseln oder irgendeine Strategie zu verfolgen oder zum Beispiel durch Münzenwerfen zu entscheiden. Wenigstens darin sind wir uns hoffentlich alle einig. Beträgt die Wahrscheinlichkeit aber tatsächlich fünfzig Prozent? Unsere Intuition ist in diesem Fall eindeutig: Wir haben zwei Schachteln, von denen eine den Schein *mit Sicherheit* enthält, nur wissen wir nicht, welche. Die Chance *muß* also fifty-fifty stehen. *Falsch!* Denn die Wahrscheinlichkeit, daß der Schein in der zuerst gewählten Schachtel steckt, betrug und beträgt ein Drittel, somit haben auch die beiden anderen jeweils eine ⅓-Chance. Öffne ich nun eine leere Schachtel, so erhöht sich die Chance der verbliebenen Schachtel *automatisch* auf ⅔.

Deshalb sollte man *immer* wechseln. Dadurch steigt die Wahrscheinlichkeit von ⅓ auf ⅔. Das ist gegen unsere Intuition, aus rationaler Sicht aber unwiderlegbar.

Da sogar gewisse Nobelpreisträger diesen Schluß entschieden bestreiten, erkläre ich die Notwendigkeit des Wechselns noch auf eine andere Weise.

Sollte die erste Wahl zufällig richtig sein, wäre es *mit Sicherheit* (nicht nur wahrscheinlich) schlecht, zu wechseln. Wurde dagegen auf Anhieb eine leere Schachtel gewählt, ist ein Wechsel mit Sicherheit (nicht nur wahrscheinlich) von Vorteil. Wie oft wird es vorkommen, daß Sie sofort auf die richtige Schachtel zeigen und daher mit einem Wechsel auf jeden Fall schlecht fahren? In *einem* von drei Fällen. Wie oft werden Sie dagegen auf eine leere Schachtel deuten (und auf jeden Fall gut daran tun zu wechseln)? In *zwei* von drei Fällen.

Zu wechseln ist also die bessere Strategie. Denn damit gewinnen Sie in zwei von drei Fällen. Aus Erfahrung weiß ich, daß diese Erklärung zwar rational überzeugend klingt, aber trotzdem heftigen Widerspruch erregt. Die erste Intuition hält sogar diesen klaren Argumenten stand, und das zuweilen selbst bei einschlägig ausgebildeten Leuten. Sie ziehen nur die zwei geschlossenen Schachteln in Betracht, von denen eine den Schein enthält, und weigern sich, zu berücksichtigen, was vorher geschehen ist und was danach geschehen kann. Sie bleiben bei der ursprünglichen, unwiderstehlichen Intuition «verankert», daß die Chance fünfzig zu fünfzig sein *muß*. Manche Leute wollten nicht einmal die Argumente zugunsten des Wechsels akzeptieren und sahen partout nicht ein, daß nach dem Öffnen einer leeren Schachtel die Wahrscheinlichkeit für die beiden restlichen Schachteln, die Banknote zu enthalten, *unterschiedlich* groß ist.

So ist die menschliche Psyche. Und wenn starke Emotionen im Spiel sind, schleicht sich der Kognitionswissenschaftler auf Zehenspitzen davon. Für Emotionen ist er nicht zuständig, seine Arbeit ist auch ohne ihren anmaßenden Auftritt noch kompliziert genug.

Zum Schluß nun noch eine andere, ältere Variante des Schachtelspiels.

Das Dilemma der drei Gefangenen *

Drei zum Tode Verurteilte warten auf ihre Hinrichtung, die am nächsten Tag stattfinden soll. Da morgen der Geburtstag des mächtigen Tyrannen ist, darf der Gefängnisdirektor einer der drei begnadigen. Sadistisch, wie er ist, beschließt er, die drei Todeskandidaten bis zuletzt darüber im ungewissen zu lassen, wer der Glückliche ist. Er sagt ihnen nur, daß einer von ihnen begnadigt wird. Einer der drei Häftlinge (wir nennen ihn der Einfachheit halber Nummer 3) versucht den Direktor zu bestechen und sagt zu ihm: «Da nur einer von uns dreien begnadigt wird, muß von den übrigen zwei einer mit Sicherheit sterben. Wenn du mir den Namen eines der beiden verrätst, die gewiß sterben, schenke ich dir meine goldene Uhr.» Der Gefängnisleiter überlegt kurz und gibt dann nach, da er überzeugt ist, daß sich dadurch die Situation im Grunde nicht ändert. Er sagt: «Nummer 1 wird sterben.» Nummer 3 gibt dem Mann die goldene Uhr und denkt erleichtert: «Vorher lagen meine Chancen bei ⅓, jetzt sind sie auf ½ gestiegen.»

Frage: Ist seine Erleichterung berechtigt?

---

* Nicht zu verwechseln mit dem Gefangenendilemma von Seite 88 f.

Anmerkung: Wenn schon vorher feststand, daß (mindestens) einer der beiden anderen Verurteilten *mit Sicherheit* hingerichtet wird, wie können sich dann die Chancen von Nummer 3 erhöhen, nur weil er jetzt weiß, wer von den beiden gewiß stirbt? Das hört sich nach Hokuspokus an. Was meinen Sie? Wie sieht Ihre Lösung des Rätsels aus?

Und hier die richtige Antwort: Für Häftling Nummer 3, der den Gefängnisdirektor bestochen hat, ist *und bleibt* die Wahrscheinlichkeit, begnadigt zu werden, ⅓, also 33 Prozent, während die Chancen des *anderen* Gefangenen (Nummer 2) auf 66 Prozent, also auf ⅔, steigen.

Häftling Nummer 3 hat einen Denkfehler begangen, er ist einer Wahrscheinlichkeitstäuschung erlegen. Der einzige, der vom Uhrenopfer profitiert, ist Nummer 2, der womöglich gar nichts davon weiß und die ganze Zeit in seiner Zelle schmachtete. Wenn es uns verrückt erscheint, daß sich die Überlebenschancen von Nummer 2 dank eines Ereignisses, an dem er nicht beteiligt war und von dem er nichts weiß, *objektiv verdoppelt* haben, dann erliegen auch wir einer kognitiven Täuschung. Eine Erhöhung der Wahrscheinlichkeit ist nicht wie eine Flüssigkeit, die von einem Gefäß in ein anderes gegossen wird und dabei eine Veränderung des materiellen Zustands erfährt. Im Fall der drei Schachteln widerstrebt es uns, zu glauben, daß die Chancen, den Zehner zu finden, sich ändern können, obwohl die Schachtel *immer* geschlossen bleibt, obwohl nichts hineingetan oder herausgenommen wird. Im Fall der drei Todeskandidaten erliegen wir der gleichen Täuschung. Es fällt uns schwer zu glauben, daß sich die Chancen von Nummer 2 aufgrund eines Ereignisses erhöht haben, an dem er *in keiner Weise* beteiligt war und von dem er *nichts* weiß. Unsere Auffassung von Wahrscheinlichkeit erweist sich als höchst unzulänglich. Wir stellen uns Wahrscheinlichkeit nicht als abstrakte mathematische Größe vor, sondern als «Sache», als «Vorgang», jedenfalls als etwas viel zu Dingliches und Materielles.

Wer immer noch nicht glaubt, daß die obige Lösung richtig ist, läßt sich (so hoffe ich jedenfalls, obwohl es hier oft heftige psychische Widerstände gibt) von folgender Argumentation überzeugen: Einer der drei Gefangenen wird begnadigt. Die Wahrscheinlichkeit, gerettet zu werden, beträgt also vor dem Hinweis des Gefängnisdirektors für jeden der drei ⅓ (beziehungsweise 33 Prozent). Die Häftlinge Nummer 1 und Nummer 2 haben *beide zusammen* eine ⅔-Chance (66 Prozent). In dem Augenblick, in dem der Direktor verrät, daß Nummer 1 sicher sterben muß, geht die *ganze* Wahrscheinlichkeit von ⅔ (66 Prozent) *allein* auf Nummer 2 über. Daß er nichts davon merkt und weiß, bedeutet gar nichts. Die *objektive* Wahrscheinlichkeit eines Ereignisses, in das, wenn es eintritt, eine bestimmte Person verwickelt wird, kann sich infolge eines anderen Ereignisses, das vielleicht in zigtausend Kilometer Entfernung stattfindet, innerhalb eines Augenblicks ändern, ohne daß der Betroffene es überhaupt merkt. Häftling Nummer 3 atmet auf, weil er denkt, seine Überlebenschancen seien von 33 Prozent auf 50 Prozent hochgeschnellt, und erliegt dabei dem gleichen Irrtum wie wir beim Dreischachtelspiel: Er glaubt nämlich, daß die Wahrscheinlichkeit von zwei Ereignissen bei Ungewißheit immer gleichmäßig fünfzig zu fünfzig betragen muß. Dabei gibt die exakte Wahrscheinlichkeitsrechnung auch in diesem Fall nur vor, daß die *Summe* der beiden Wahrscheinlichkeiten 1 (beziehungsweise 100 Prozent) betragen muß. Die Wahrscheinlichkeit muß aber zwischen den zwei übrigen Schachteln beziehungsweise Verurteilten nicht unbedingt *gleichmäßig* verteilt sein.

Die Annahme von Häftling Nummer 3, seine Chancen seien auf ½ gestiegen, läßt sich übrigens auf elegante Weise ad absurdum führen: Hätte der Gefängnisdirektor statt Nummer 1 die Nummer 2 genannt, wäre die Schlußfolgerung von Nummer 3 genau die gleiche gewesen. Nun könnte sich Häftling Nummer 3 das Gespräch mit dem Direktor und dessen Antwort aber auch nur *vorstellen*, und genau das gleiche könnten auch die beiden anderen tun. Dann hätte jeder der drei Verurteilten eine Chance von ½ (50 Prozent), begnadigt zu werden, was natürlich Unsinn ist.

Hatte Gardner nicht recht, als er dieses Rätsel «herrlich verwirrend» nannte?

Nachdem ich damit hoffentlich hinreichend gezeigt habe, daß es mentale Tunnel gibt, in die wir uns alle ohne Ausnahme verrennen, ja daß es uns oft sogar sehr schwerfällt, überhaupt zu erkennen, daß wir uns verrannt haben, möchte ich hiermit meine kleine Anleitung zur kognitiven Psychohygiene beschließen.

Anhang

Zur Entdeckung der Tunnel

Wie umfassend das Thema «Entscheidungen in unsicheren Situationen» ist, zeigt sich schon daran, daß dazu in den letzten fünfzehn Jahren Artikel in etwa fünfhundert Fachzeitschriften erschienen sind. Das Interesse an diesem Bereich wächst ständig, vor allem seitens der Wirtschaftswissenschaft. Die Experten, die sich damit befassen, arbeiten vor allem an Universitäten, aber auch in privaten Forschungsinstituten, in Ministerien, Kliniken und Finanzinstituten. Auf dem Gebiet der reinen Forschung, das mir persönlich am vertrautesten ist, wurden die wichtigsten Fortschritte in folgenden Disziplinen erzielt (die ich in der Reihenfolge der Anzahl der durchgeführten Studien und des Umfangs der zur Verfügung stehenden Mittel, aber nicht unbedingt der Bedeutung der theoretischen Beiträge aufzähle): Ökonomie, Psychologie, Kognitionswissenschaft, Epidemiologie, Erkenntnistheorie, Logik, Mathematik, Computerwissenschaft, Medizin, Sozialpsychologie. Die Länder, in denen Forschungen dieser Art am besten gefördert wurden, sind die Vereinigten Staaten, mit großem Abstand gefolgt von Israel, Großbritannien, Deutschland, Skandinavien und der Schweiz. Wegbereitend waren die schon in den fünfziger Jahren veröffentlichten Arbeiten des Franzosen Maurice Allais über Paradoxa bei Entscheidungen, für die er, wenn auch sehr spät, mit dem Nobelpreis für Wirtschaftswissenschaft ausgezeichnet wurde.

Von allen Bezeichnungen, die im Umlauf sind, halte ich «Entscheidung in unsicheren Situationen» (oder ganz korrekt: Theorie und Praxis der Entscheidung in unsicheren Situationen) für die treffendste.

Der Hintergrund, vor dem diese neuen und wichtigen Entdeckungen Bedeutung gewinnen, ist die klassische normative Rationalitätstheorie. Diese sagt uns im wesentlichen, wie wir entscheiden *sollten* und welches die *optimalen* Kriterien für Urteile bei Unsicherheit sind. Daß diese theoretischen Normen *tatsächlich* denen entsprechen, die der einzelne wirklich anwendet, haben auch die Begründer der klassischen Theorie und vor allem der Wahrscheinlichkeitsrechnung nie ernsthaft behauptet. Die mathematische Wahrscheinlichkeitsrechnung, die Deduktionsprinzipien der Logik, die ökonomischen Gesetze, die Ende der vierziger Jahre von John von Neumann und Oskar Morgenstern entwickelte und später von Leonard J. Savage, Howard Raiffa, Duncan R. Luce und vielen anderen weiterentwickelte Spieltheorie und Optimierung des erwarteten Nutzens sowie die wissenschaftlichen Regeln der induktiven Methode wurden immer als *Idealisierungen* dessen konstruiert, was ein normal intelligenter und normal urteilender Mensch *tendenziell* tut, wenn er sozusagen *sein Bestes* gibt. Diese Frage ist in zahllosen philosophischen Werken über die Grundlagen der Logik, der Wirtschaftstheorie, der experimentellen Wissenschaften und der Wahrscheinlichkeitsrechnung ausführlich erörtert worden. Ich möchte hier nur kurz darstellen, wie seit Mitte der fünfziger Jahre infolge neuer Erkenntnisse und neuer Hypothesen *die Art und Weise, wie man sich das Problem stellte*, revolutioniert wurde.

Man begann daran zu zweifeln, ob die Idealisierungen der klassischen Theorien überhaupt *legitim* seien. Denn der rationale Mensch, den diese Theorien voraussetzten, unterschied sich nicht nur quantitativ, sondern auch qualitativ von den wirklichen Menschen. Daß man sich dieses Umstands bewußt wurde, ist vor allem dem breiten Einsatz von Rechnern in Entscheidungsprozessen zu verdanken.

Dazu ein berühmt gewordenes Beispiel. 1957 wollten L. B. Lusted, ein Forscher am National Institute of Health, und R. S. Ledley, ein Zahnarzt am National Bureau of Standards, auf einem Rechner den Entscheidungsprozeß des Arztes, der über eine Reihe klinischer Daten verfügt und daraus eine Diagnose ableiten soll, idealisieren und somit *optimieren*. Ihr Ansatz war so «klassisch», wie man es sich nur vorstellen kann: Sie stützten sich auf im strengsten Wortsinn logische Prozesse (auf die sogenannten Wahrheitstafeln der logischen Funktionen wie Negation, Konjunktion, Disjunktion und der Bedingung «wenn... dann») und auf eine durch Flußdiagramme dargestellte Hierarchie von Hypothesen und Unterhypothesen, deren Pfeile die nach ihrer Wahrscheinlichkeit «abgewogenen» Hypothesen logisch miteinander verbanden. Man stellte rasch fest, daß die auf diese Weise automatisierten Diagnosen sehr stark von den Diagnosen abwichen, die die besten Ärzte aufgrund *derselben* Daten gestellt hätten. Zwischen dem realen und dem idealen Subjekt bestand also bei diesem grundlegenden Beispiel eines «Urteils bei Unsicherheit» eine ganz offensichtliche und dramatische Diskrepanz. Nun stand man vor dem Dilemma, ob es *rationaler* ist, den besten Ärzten oder lieber dem Computer zu trauen.

Drei Jahre zuvor, also 1954, hatte der Psychologe Paul E. Meehl von der University of Minnesota die aufsehenerregende Monographie «Clinical versus Statistical Prediction: A Theoretical Analysis and a Review of the Evidence» veröffentlicht. Meehl vertrat die These, daß die statistische Voraussage zuverlässiger sei als die intuitive Voraussage selbst der besten Experten. Meehls Daten zufolge (es handelte sich dabei um eine wahrhaft beeindruckende Sammlung) lieferten die von Rechnern analysierten Ergebnisse psychologischer Tests bessere Voraussagen als das persönliche Urteil ausgebildeter Psychologen. Die Tests betrafen zum Beispiel die Neigung, das Studium zu beenden beziehungsweise aufzugeben, die Eignung zum Zivilpiloten, die Suizidgefährdung, die Neigung zur Rückfälligkeit bei bestimmten Vergehen und ähnliche Voraussagen.

Die These schlug ein wie eine Bombe, und schon wenige Jahre später wurde der Streit durch die «Diagnosemaschine» von Lusted und Ledley erneut angefacht. Andere Psychologen wie zum Beispiel Robert R. Holt bestritten Meehls Schlußfolgerungen (natürlich nicht die Daten, die unanfechtbar waren) und empfahlen, die Datenerhebung zu verbessern und die medizinische Intuition neu zu schulen. Daraus ergaben sich zwei fundamentale alternative Optionen:

1. den formalen Apparat, also die Rechenprogramme, die mathematische Wahrscheinlichkeitstheorie, die logischen Netze etc. zu ver-

bessern und grundsätzlich die von der *idealen* Rationalität diktierten Entscheidungen zu bevorzugen;

2. die menschliche Intuition zu verbessern und dafür zu sorgen, daß Urteile im Beruf sorgfältiger getroffen und menschlichen Entscheidungen (eventuell unterstützt durch die normative Theorie und einen «gut programmierten» Computer) grundsätzlich Vorrang gewährt werden.

Da sich nicht beweisen ließ, daß die eine Lösung immer an und für sich besser ist, trieb man die Forschung an beiden Fronten voran. Das Vertrauen in die klassische Theorie war indes kräftig erschüttert. Selbst wer für die normative Rationalität war, fühlte sich nunmehr verpflichtet, seine Wahl zu rechtfertigen. Was von jeher als sicher und offenkundig gegolten hatte, war jetzt eine methodologische, wenn nicht ideologische Entscheidung, auf jeden Fall aber eine *Entscheidung in einer unsicheren Situation*.

Man entdeckte einige wichtige Arbeiten aus den vorangegangenen Jahrzehnten wieder, so die von Burrhus Frederick Skinner (einem der Begründer des Behaviorismus, der uns aus der Sicht der modernen Kognitionswissenschaft heute sehr fern, ja bisweilen antithetisch zu ihr erscheint) über «magisches» Verhalten. Eine Taube, die *nur* dann Futter erhält, wenn sie in ihrem Käfig irgend etwas tut, ganz gleich, was sie tut, bildet sich ganz absonderliche «Hypothesen»: Sie fängt zum Beispiel an, sich um sich selbst zu drehen, oder sie pickt nur an bestimmten Stellen des Käfigs oder legt ihre Exkremente in einer bestimmten Ecke ab. Da *jede* ihrer Handlungen künstlich «verstärkt» wird, fixiert und festigt sie jede ihrer «Hypothesen», und es ist dann fast unmöglich, sie zu «entkonditionieren» und ihre Hypothesen auf einen ganz anderen *Typ* (!) von Verhalten zu verschieben. Diese Arbeiten von Skinner (dessen Ansatz, wie gesagt, von den heutigen Kognitionswissenschaften weit entfernt ist), wurden in den unterschiedlichsten Kontexten mit Arbeiten verschiedener ideologischer Richtungen in Beziehung gesetzt, zum Beispiel mit denen des amerikanischen Sozialpsychologen und Pädagogen T. M. Newcomb, der 1929 bei den Lehrern einer Gruppe schwererziehbarer Kinder in einem Ferienlager das Wirken «magischer» Urteile nachgewiesen hatte. Diese

Lehrer sollten über die Verhaltensweisen der 51 Jungen ihrer Gruppe, die alle psychische Störungen hatten, jeden Tag genau Buch führen. Dabei kam bemerkenswerterweise heraus, daß schon zwei Monate später die Erinnerungen der Lehrer stark von den Tagebuchnotizen abwichen, die sie Newcomb gleich am Ende der Ferien ausgehändigt hatten. Von einem als «vorlaut» eingestuften Jungen zum Beispiel wurde *ausschließlich* unverschämtes Verhalten erinnert, von einem Kind, das als introvertiert galt, nur die Fälle, in denen es sich geweigert hatte mitzumachen. Die im Tagebuch vermerkte *effektive* Häufigkeit dieser Verhaltensweisen stimmte nicht mit den Erinnerungen der Lehrer überein. Der durchschnittliche Korrelationskoeffizient zwischen dem tatsächlichen Verhalten laut Tagebuch und dem zwei Monate später noch erinnerten Verhalten betrug kaum 27 Prozent, die Korrelation zwischen der psychologischen Beschreibung in der Akte des Jungen und dem aus der Erinnerung verfaßten Verhaltensbild des Lehrers dagegen sage und schreibe 85 Prozent.

Um zu zeigen, wie sich diese «Wiederentdeckung» alter psychologischer Studien auf die moderne Forschung auswirkte, schildere ich noch kurz die interessanten und systematischen Untersuchungen über die (im Sinne von Skinner als «magisches Denken» bezeichneten) «Vorurteile» und «täuschenden Korrelationen», die L. J. Chapman und J. P. Chapman 1967 und R. A. Schweder 1977 veröffentlicht haben. Bei einem dieser Versuche wurde «normalen» sowie «pathologischen» psychologischen Profilen von Mädchen und Jungen jeweils eine *zufällig* ausgewählte Zeichnung eines anderen Jungen oder Mädchens aus derselben Gruppe beigelegt. Psychologiestudenten sollten *erklären*, warum Zeichnung und psychologisches Profil jeweils zusammenpassen. Natürlich verschwieg man den Probanden, daß die Zeichnung jeweils ganz zufällig ausgewählt worden war. Beinahe alle Studenten fanden in fast jedem Fall komplexe und ausführliche Begründungen. Das Vertrauen dieser Studenten in die eigenen «diagnostischen» Fähigkeiten erwies sich als so groß, daß sie ihre Antworten auch dann noch für «im Prinzip» richtig hielten, *nachdem* sie erfahren hatten, daß es sich um eine rein zufällige Zuordnung handelte.

Einen ähnlichen Test zum Thema «magisches Denken» führten Ross und Lepper durch. Sie forderten erwachsene Versuchspersonen auf, echte Briefe von Heranwachsenden idealtypischen Persönlichkeitsprofilen zuzuordnen. Die beiden Psychologen teilten ihre Probanden willkürlich in drei Gruppen A, B und C ein. Die Personen der Gruppe A wurden gelobt, während sie ihre Begründungen schrieben, Gruppe B mußte Kritik einstecken, Gruppe C wurde teils bestärkt, teils kritisiert. Einem Versuchsteilnehmer, der *zufällig* in Gruppe A gelandet war, wurde etwa gesagt: «Prima, du kombinierst das wirklich ganz toll»; einer aus Gruppe B bekam zu hören: «Na, das kommt aber nicht so ganz hin, denk noch mal drüber nach»; und auf die Leute in Gruppe C wurden Lob und Tadel gleichmäßig verteilt. Das erstaunliche ist – und darin besteht das sogenannte magische Denken –, daß sich die Testpersonen, auch nachdem man ihnen gesagt hatte, daß es sich um keine realen Persönlichkeitsprofile gehandelt habe und daß Lob und Tadel rein zufällig verteilt worden seien, *weiterhin* jeweils für gute, schlechte oder mittelmäßige Diagnostiker hielten.

In der zweiten Hälfte der siebziger und der ersten Hälfte der achtziger Jahre wurden massenhaft solche Tests durchgeführt, immer mit ähnlichen Resultaten. Entscheidend dabei ist, daß das intuitive «diagnostische» Urteil *ganz anders* ist als die idealen Normen der klassischen Rationalität und daß es *nicht genügt*, über unsere Fehlurteile und die spontane Magie in unserem Denken Bescheid zu wissen, um der idealen Rationalität wenigstens nahezukommen.

Auch in einer noch so knappen historischen Übersicht ist der wichtige und (im Hinblick auf unser Problemfeld) übereinstimmende Beitrag zweier weiterer Forschungszweige zu erwähnen: der eigentlichen Kognitionswissenschaft und einer bestimmten Richtung der Künstlichen Intelligenz. Erstere hat seit Mitte der sechziger Jahre und zunehmend in den vergangenen Jahren nachgewiesen, daß die große qualitative Divergenz zwischen realen Subjekten und idealen Subjekten ihre Wurzeln in der kognitiven *Entwicklung* hat. Unsere Rationalität ist schon im Kind angelegt. Der große englische Psychologe Jerome Bruner, der zuerst in Oxford und dann in Harvard lehrte, wies Mitte der fünfziger Jahre nach, daß es abstrakte Begriffe gibt, wie zum Beispiel «disjunktive» Hypothesen (etwas gehört nur dann zur Klasse A, wenn es rot *oder* quadratisch, und nur dann zur Klasse B, wenn es blau *oder* rund ist), die wir mental nur schwer formulieren und handhaben können. In Wirklichkeit formuliert kein Mensch je von sich aus eine disjunktive Hypothese. Wenn uns, wie bei der Methode von Bruner, Karten mit verschiedenfarbigen Kreisen, Dreiecken, Quadraten etc. vorgelegt werden und immer wieder *ausdrücklich* gesagt wird, welche für den Begriff «exemplarisch» sind und welche nicht, dann werden wir alle möglichen Hypothesen formulieren (dreieckig und rot, rund und blau etc.), aber nie eine disjunktive Hypothese wie rot *oder* blau. Aus der Sicht der formalen Logik gibt es dafür keine Erklärung, da die Disjunktion (die im gängigen Sprachgebrauch durch Sätze wie «entweder das eine oder das andere, aber nicht beide» ausgedrückt wird) eine logische Funktion wie jede andere ist und es eine einfache und kohärente, auf disjunktiven Klassen basierende Deduktionstheorie gibt. Wie der Logiker und Philosoph Nelson Goodman in seinem Klassiker *Tatsache, Fiktion, Voraussage* nachwies, kann *jede beliebige* Hypothese zudem *immer* in einer disjunktiven Sprache entsprechend umformuliert und *jede beliebige* Menge nach disjunktiven Merkmalen neu definiert werden (siehe auch Tunnel Nr. 8).

Daß unsere Intuition vor disjunktiven Hypothesen zurückschreckt, ist zwar natürlich, aber gegen jede Logik, und es gibt dafür keinerlei normative Rechtfertigung, also keine rationale Grundlage. Ein Marsmensch fände es höchst verwunderlich. Entgegen der Ansicht des großen Genfer Psychologen Jean Piaget und seiner Schule gibt es auch keine zunehmende «horizontale» Reifung vom kindlichen «magischen» Denken zum «vorlogischen» und schließlich zum «logisch-formalen» Denken des Erwachsenen. Der Erwachsene folgt vielmehr *genau* den gleichen kognitiven Strategien und intuitiven «Abkürzungen» wie das Kind, für das die Probleme natürlich anders und mit einem anderen Schwierigkeitsgrad formuliert werden müssen.

In entsprechenden Tests hat man kleinen Kindern bis zu etwa fünf Jahren Fotos vorgelegt, auf denen Gruppen von Jungen und Mädchen zu sehen waren, aber mehr Jungen als Mädchen. Die Befragten sagten, auf den Fotos seien mehr Jungen als Kinder (da der Test ursprünglich auf Französisch durchgeführt wurde: mehr *garçons* als *enfants*, oder auf Englisch: mehr *boys* als *children*). In ähnlichen Versuchen mit entsprechenden Zeichnungen oder Fotos sagten dieselben Kinder aus, es seien mehr Autos als Fahrzeuge, mehr Messer als Besteck, mehr Stühle als Möbel vorhanden. Von einem bestimmten Alter an wird das Kind keine solchen «Schnitzer» mehr machen. Dem Kind fehle nicht, so Piaget, der «Begriff» von Menge und Untermenge, den sich das ältere Kind und der Erwachsene gewissermaßen aufgebaut habe. Das Beispiel mit den Wörtern auf «-ing» beziehungsweise «i» an drittletzter Stelle (Seite 41) gilt für jedes Alter und zeigt, daß es nicht darum geht, den Mengenbegriff zu «haben» oder nicht zu haben, sondern darum, sich mit einer gewissen Leichtigkeit die «typischen Teile» einer bestimmten Kategorie vorstellen zu können. Für ein Kleinkind ist es schwierig, sich zum Beispiel ein typisches Element der Kategorie «Kinder» (das ein Mädchen *oder* ein Junge sein kann: auch hier wirkt wieder die Abneigung gegen Disjunktionen) oder ein Element der Kategorie «Besteck» (Messer *oder* Gabel *oder* Löffel) vorzustellen. Wir halten *in jedem Alter* Gruppen von Gegenständen (oder Personen) für häufiger, wenn wir uns leichter typische Exemplare davon vorstellen können. Die konstruktivistische Psychologie à la Piaget und ein großer Teil der Entwicklungspsychologie waren schon auf die kognitiven Täuschungen gestoßen, hatten sie aber noch nicht als solche identifiziert. Ihre Theorien hatten viele Phänomene als typisch für das kindliche Denken erklärt, während wir heute wissen, daß sie typisch für das menschliche Denken in jedem Alter sind. Beim Erwachsenen müssen sie nur durch entsprechende Versuche aufgespürt werden (wie wir es mit den «Tunneln» in den vorausgegangenen Kapiteln getan haben). Die Kognitionswissenschaft hat das Problem von Grund auf neu gestellt.

In den letzten Jahren wurde von Kognitionswissenschaftlern auch nachgewiesen, daß einige häufige und typische Fehlurteile in unsicheren Situationen als Sonderfälle Teil von umfassenderen und weit verbreiteten Irrtümern sind, die auch in *sicheren* Situationen vorkommen.

Im Forschungszweig der Künstlichen Intelligenz erkannte man seit den bahnbrechenden Arbeiten von Herbert Simon, Alan Newell und A. D. De Groot (seit 1955, vor allem an der Carnegie Mellon University in Pittsburgh), daß es oft unüberwindliche Schwierigkeiten bereitete, das klassische Wahrscheinlichkeitsparadigma und die Gesetze der Logik in Roboter «einzubauen». Das reale *problem-solving* und die Probleme im Zusammenhang mit der Automatisierung der Induktion und den auf Basis von Grunddaten vorgenommenen Verallgemeinerungen zeigten auch, daß ein unüberwindlicher *qualitativer* Sprung zwischen dem «Neuling» und dem «Experten» besteht. Der «Neuling» – ein Kind, eine nicht einschlägig ausgebildete Person oder eine Maschine – ist keine gute «Grundlage» für die Entwicklung von Expertenwissen. Um einen Experten zu erhalten, muß man ganz von vorn anfangen und andere, manchmal sogar entgegengesetzte Wege einschlagen als diejenigen, die der Neuling intuitiv wählt. Die Denkweise des Neulings ist der des Experten oft entgegengesetzt. Das Expertenurteil – auch die auf die Wissensvermittlung angewandte Kognitionswissenschaft und Psychologie begannen das zu erkennen – entsteht nicht durch Verallgemeinerungen und Abstraktionen aus einer Art «natürlicher Verlängerung» des Neulingsurteils heraus. Um vom naiven Wissen zum Expertenwissen zu gelangen, bedarf es an einem bestimmten Punkt einer radikalen mentalen Revolution, einer Umwälzung der Intuition (wie es zum Beispiel in der Algebra, der Physik und der Chemie erkennbar wurde – den aus leicht ersichtlichen Gründen am besten untersuchten Bereichen).

Unabhängig davon, aber damit übereinstimmend, fand die Entwicklungspsychologie heraus, daß sich die qualitative Unterscheidung zwischen Neuling und Experte in Bereichen des täglichen Lebens wie Sprache, Denken, Problemlösung, Aneignung von Begriffen während des normalen Heranwachsens des Kindes ständig reproduziert und daß sie stark modular wirkt. Die eigenen Erkenntnisse müssen jedesmal, in jedem speziellen Wissenssektor, neu «strukturiert» werden.

Die tiefe Divergenz zwischen der idealen (aufgrund der Kanons der Experten stark idealisierten) Rationalität und dem realen (vom Neuling oft zwanghaft formulierten) Urteil zeigt sich immer wieder in anderer Weise. In einigen Bereichen ist jeder von uns Neuling, und die Entscheidung bei Unsicherheit ist ein Feld, auf dem wir *immer* Neulinge sind. Das erklärt zum Teil auch, warum unsere «wilden» Intuitionen mit den Intuitionen von Statistikexperten und geübten Analytikern nicht nur unvereinbar sind, sondern sich oft sogar dagegen sperren.

Man erkannte, daß das einzige wirklich taugliche künstliche Modell für Entscheidungen unter Unsicherheit der Schachspieler war, aber die Gründe für den Erfolg beim Schachmodell waren eben die besonderen Merkmale dieses Spiels (einfache, feste Regeln, leicht vorhersehbare Denkweise des Gegners), die bei realen Entscheidungen so gut wie nie vorhanden sind. (Da die Denkweise des Gegners beim Schach aber doch nicht völlig vorhersehbar ist, sind die größten Schachmeister bis heute Menschen und keine Maschinen.) Etwa um die gleiche Zeit zeigte das am MIT von Marvin Minsky, Seymour Papert und Arthur Rosenblatt entwickelte Perceptron-Modell, daß disjunktive Hypothesen *auch* für Maschinen unzugänglich sind.

Die Kluft zwischen idealer und realer Rationalität hat sich bis heute immer weiter vertieft. In jüngster Zeit wurden nämlich Paradoxa und Widersprüche beim *Kombinieren* verschiedenartiger Anforderungen entdeckt, die bisher untereinander perfekt kompatibel, ja sogar *komplementär* erschienen: zum Beispiel Konvergenz hinsichtlich der richtigen Lösung und Übernahme der formalen Induktionsregeln (oder Bayesschen Wahrscheinlichkeitsregeln). Muß man zwischen diesen Anforderungen *wählen* (indem man beweist, daß eine Maschine, wenn sie die eine befriedigt, nicht auch die andere befriedigen kann), bricht das klassische normative Modell zusammen. Derzeit setzt man sich über Fälle auseinander, in denen wechselweise ausschließlich zwischen zwei Eigenschaften zu wählen ist, von denen eine als *logische Konsequenz* der anderen gilt. Dieses komplizierte Labyrinth, in dem sich eine hochentwickelte Maschinentheorie und eine sehr abstrakte Rationalitätstheorie kreuzen, betreten wir hier aber nicht. Ich begnüge mich damit, auf die Arbeiten von Daniel N. Osherson, Clark Glymour, Kevin Kelly, Scott Weinstein und Michael Stob hinzuweisen – alles Wissenschaftler, die wohl zu Recht vorausahnen, daß wir an der Schwelle zu einer neuen Krise *auch* der normativen Theorie der idealen Rationalität stehen.

Auswege aus den Tunneln

Syllogismus über Minister und Tankstellenbesitzer
Die *einzig* richtige Schlußfolgerung ist: *Einige der Diebe sind keine Tankstellenbesitzer*. Oder auch: *Es gibt Diebe, die keine Tankstellenbesitzer sind* oder, wie die Logiker sagen, *Es existieren Diebe, die keine Tankstellenbesitzer sind*. (Es handelt sich hier nur um stilistische, aber keine wesentlichen Unterschiede.) Eine unanfechtbare logische Schlußfolgerung, denn es ist *logisch unmöglich*, daß die beiden Aussagen wahr sind, ohne daß *auch* dieser Schluß wahr ist. Für Puristen und Haarspalter präzisiere ich, daß der Schluß logisch unanfechtbar ist, vorausgesetzt, es existieren in jenem verflixten Land Minister und Tankstellenbesitzer. Das aber haben wir ohnehin vorausgesetzt, da wir darauf hingewiesen haben, daß es sich um ein real existierendes Land handelt. Wer sich mit der Frage gründlicher befassen will, dem sei das Buch von Philip Johnson-Laird, *Mental Models*, Kapitel 6, empfohlen.

Kleine mentale Höhlenkunde
Die Antworten im ersten Fall ($2 \times 3 \times 4 \times 5 \times 6 \times 7 \times 8$) lagen im Schnitt bei 512. Befragt wurden Hunderte von Testpersonen, hauptsächlich Studenten der Stanford University, der British Columbia University und der Universität von Tel Aviv.

Im zweiten Fall ($8 \times 7 \times 6 \times 5 \times 4 \times 3 \times 2$) wurde im Durchschnitt 2250 genannt. Die richtige Antwort wäre 40320, wie jeder leicht nachrechnen kann.

Tunnel Nr. 1
Der Test wurde mit einer großen Stichprobe durchgeführt. Von den

Befragten sprachen sich im Durchschnitt 72 Prozent für A und 28 Prozent für B aus.

Im zweiten Fall kehrten sich die Werte um: 22 Prozent empfahlen C, 78 Prozent waren für D.

Tunnel Nr. 2

Im ersten Fall (Tisch A und B) wurden im Schnitt sechzig Mark genannt. Also wird *mindestens* eine Erhöhung von vierzig Mark verlangt, um einen um zehn Mark höheren möglichen Verlust auszugleichen. Das ist gegen jedes rational kalkulierte Kompensationskriterium.

Im zweiten Fall (Tisch C und D) wurden im Schnitt zweiundfünfzig Mark verlangt. In diesem Fall (es gibt nur Gewinne, keine Verluste) genügt eine Erhöhung von nur zwölf Mark, um einen um zehn Mark niedrigeren Gewinn zu kompensieren. Es dreht sich also um nur zwei Mark. Die psychologische Asymmetrie zwischen möglichen Gewinnen und möglichen Verlusten ist offensichtlich und läßt sich mit Hilfe von solchen Tests – darin liegt ihr Vorteil – *exakt messen*. Wie wir sehen, handelt es sich um 400 Prozent. Ein um zehn Mark erhöhtes, zu 50 Prozent wahrscheinliches Verlustrisiko verlangt nach unserer intuitiven Schätzung eine (ebenfalls zu 50 Prozent wahrscheinliche) Kompensation von nicht weniger als dem *Vierfachen* des möglichen Gewinns. Unsere Angst vor dem Verlustrisiko ist also viermal größer als unsere Begeisterung für einen möglichen Gewinn. Diese Zahlen enthüllen eine zutiefst konservative psychologische Grundeinstellung, die den *decision makers* zu denken geben sollte. Kommen dann noch andere Ängste und weitere konservativistische Faktoren hinzu, kann das Mißverhältnis zwischen möglichen Gewinnen und möglichen Verlusten nur noch größer werden.

Tunnel Nr. 3

Hier die genauen, von Tversky und Kahneman veröffentlichten Zahlen:

Die Befragten, die die Reihenfolge
C > C&J > J für Louis
und die Reihenfolge

F > B & F > B für Linda

angeben, unterliegen ganz klar dem Konjunktionseffekt. Diese Reihenfolge wurde im Fall Louis insgesamt von 87 und im Fall Linda von 85 Prozent der Versuchsteilnehmer genannt.

Sehr interessant ist, wie sich die Gesamtprozentsätze aufteilen auf Personen ohne jede Ahnung von Statistik, solche mit statistischer Vorbildung und Statistikexperten:

Personen ohne Kenntnisse		Personen mit Vorkenntnissen		Experten	
Louis	Linda	Louis	Linda	Louis	Linda
89 %	83 %	90 %	92 %	85 %	86 %

Tunnel Nr. 5
Hier die aus den Antworten der Befragten ermittelten Prozentzahlen:

Größere Klinik	24 Prozent
Kleine Klinik	20 Prozent
Kein Unterschied	56 Prozent

Über die Hälfte der Testpersonen glaubt, die statistische Schwankung habe nichts mit der Größe der Stichprobe zu tun. Richtig ist aber die Antwort «in der kleinen Klinik», denn eine Abweichung von der Gesamtverteilung ist um so wahrscheinlicher, je kleiner die Stichprobe ist. Das wird ganz deutlich, wenn wir uns vorstellen, *alle* an einem Tag geborenen Kinder seien Jungen. Jetzt erkennen wir sofort: Es ist wahrscheinlicher, daß am selben Tag fünfzehn der Neugeborenen Jungen sind als fünfundvierzig. Die kleine Minderheit von 20 Prozent, die das richtig erkannte, erleidet kein kognitives «Trauma», wenn ihr der zweite Fall (alle Neugeborenen sind Jungen) präsentiert wird. Perplex sind nur diejenigen (etwa 80 Prozent), die «in der größeren Klinik» oder «es besteht kein Unterschied» angaben. Maya Bar-Hillel hat nachgewiesen, daß rund 80 Prozent aller Befragten *richtig* antwortet, wenn man ihnen den Extremfall (100 Prozent Jungen) vorlegt.

Gibt man den Testpersonen Prozentzahlen zwischen 60 und 100 Prozent als «Schwelle» für die vom Krankenhaus notierten Tage an, dann erhöht sich im Schnitt die Zahl der richtigen Antworten, allerdings nicht linear, sondern eher langsam, mit einer plötzlichen Spitze bei den extremen Werten von 90 Prozent und mehr.

Tunnel Nr. 6
Die richtige Antwort ist mit der Bayesschen Formel zu errechnen. Hier eine stark vereinfachte, «intuitive» Version. «Intuitiv» in Anführungszeichen, weil derartige Berechnungen, wie wir gesehen haben, für uns keineswegs intuitiv sind. Wir sollten aber unsere Intuition mit Hilfe einer Version der Bayesschen Formel, die unsere wenigen *richtigen* Intuitionen beibehält, Schritt für Schritt *erziehen*. Die streng mathematische Formel finden Sie in vielen Abhandlungen über Wahrscheinlichkeitstheorie, auf die ich den kundigeren Leser verweise.

Als erstes legen wir eine Tabelle an, in der die Prozentsätze in Zahlen zwischen 0 und 1 ausgedrückt werden (eine Wahrscheinlichkeit von 25 Prozent wird 0,25 geschrieben, eine von 79 Prozent 0,79 etc.). Die Zahlen unserer Tabelle stammen aus einem berühmten, 1966 erschienenen Artikel von R. E. Snyder (dem ich unser Beispiel entnommen habe), der sich auf die Zuverlässigkeit von Mammographien bei der Diagnose maligner Tumoren bezog:

		Krankheit	
		vorhanden	nicht vorhanden
Test	positiv	0,79	0,1
	negativ	0,21	0,9

Der Einfachheit halber gehen wir hier davon aus, daß der Prozentsatz falscher positiver Ergebnisse (Fälle mit positivem Testergebnis und nicht vorhandener Krankheit) komplementär zu den richtigen negativen Testergebnissen ist (Test negativ und Krankheit nicht vorhanden), daß die Summe beider Werte also gleich 1 (100 Prozent) ist. Das gleiche gilt für die falschen negativen (Test negativ und Krankheit vorhanden) und die richtigen positiven Ergebnisse (erste Zahl links oben). In der Realität sieht es immer etwas anders aus, aber wir wollen die Rechnung nicht noch komplizierter machen. Intuitiv gehen wir *fälschlich* meist davon aus, die richtigen positiven Ergebnisse seien alles, was wir in bezug auf die Zuverlässigkeit eines Tests wissen müssen. In unserem Fall war die Zuverlässigkeit des Tests mit 79 Prozent angegeben. Kaum einer von uns wird die Antwort verweigert haben, bevor er *auch* den Prozentsatz der falschen positiven Testergebnisse kannte. In der Tat kommt so gut wie niemand darauf, nach dieser zusätzlichen Zahl zu fragen, obwohl sie, wie wir jetzt wissen, ausschlaggebend ist. Die Ziffer oben links, also den Prozentsatz der richtigen positiven Ergebnisse, bezeichnet man am besten als «Sensibilität» des Tests.

Die obige Tabelle enthält alle Faktoren, die wir für die Anwendung der Bayesschen Formel benötigen, bis auf einen, den wir aber im Text unseres Beispiels finden: die Wahrscheinlichkeit der Krankheit *unabhängig* vom Testergebnis, nämlich 1 Prozent oder 0,01.

Eine wichtige Größe für die Rechnung nach Bayes ist das Produkt der Sensibilität des Tests (richtige positive Ergebnisse) und der *a-priori*-Wahrscheinlichkeit, also der Wahrscheinlichkeit, daß der Patient *mit* oder *ohne* Testergebnis krank ist. Diese wichtige Größe bezeichne ich hier als KW (kalkulierte Wahrscheinlichkeit). In unserem Fall ist KW = 0,79 × 0,01 = 0,0079 (die so errechnete Wahrscheinlichkeit beträgt also acht von eintausend).

Nach Bayes brauchen wir jetzt eine weitere wichtige Größe, die sich aus dem Produkt zweier Zahlen ergibt: 1. der Wahrscheinlichkeit, daß der Test positiv ausfällt, auch wenn der Patient die Krankheit *nicht* hat; 2. der Wahrscheinlichkeit, daß der Patient die Krankheit *unabhängig* vom Test *nicht* hat. Die erste Größe (falsche positive Ergebnisse) beträgt laut Tabelle 0,1 (10 Prozent). Die zweite Größe ist natürlich 0,99 beziehungsweise 99 Prozent, auf die man kommt, indem man die Wahrscheinlichkeit, die Krankheit unabhängig vom Test zu haben, also 0,1, sozusagen «umkehrt».

0,1 × 0,99 ergibt 0,099. Die Größe können wir uns intuitiv als eine weitere «kalkulierte Wahrscheinlichkeit» vorstellen: Die Wahrscheinlichkeit eines möglichen «pessimistischen» Diagnosefehlers, der auf die ungenügende Sensibilität des Tests zurückzuführen ist, wird multipliziert mit der (hohen) «optimistischen» Wahrscheinlichkeit, die Krankheit nicht zu haben, wie immer der Test ausfällt. Diese Größe bezeichnen wir (natürlich nur unter uns) als OF (durch Optimismus kompensierter Fehler).

Nach Bayes müssen wir nun alle diese Größen in der folgenden Art und Weise miteinander in Beziehung setzen (unsere Intuition hilft uns hier wenig: um auf Anhieb zu erkennen, was diese Formel aussagt, müßten wir uns gründlich «umerziehen»):

Effektive Krankheitswahrscheinlichkeit bei positivem Test = KW/KW + OF, in unserem Fall 0,0079 : 0,099 = 0,0739, also abgerundet 7 Prozent. Dies ist die exakt ermittelte (im Fachjargon bayesianische) Wahrscheinlichkeit.

Entsprechend ergibt sich im Fall des in den Unfall verwickelten Taxis gemäß Bayes folgende Rechnung:
$$KW = (0,8) \times (0,15) = 0,12$$
$$OF = (0,2) \times (0,85) = 0,17$$
Die Wahrscheinlichkeit, daß das Taxi tatsächlich blau war, beträgt $0,12/(0,12 + 0,17) = 0,41$ (41 Prozent).

Tunnel Nr. 7
Die Angebote lauteten:
Situation 1
Beseitigung eines 1/1 000-Risikos   800,– DM
Situation 2
Verringerung des Risikos von 4/1 000 auf 3/1 000   250,– DM
Situation 3
Freiwilliges Eingehen eines 1/1 000-Risikos   100 000,– DM

Tunnel Nr. 8
Ergebnisse der von Shafir und Tversky mit Studenten der Stanford University durchgeführten Tests:

Prüfungsergebnis bekannt	*Bestanden*	*Nicht bestanden*
Ich buche	54 %	57 %
Ich buche nicht	16 %	12 %
Ich zahle zu, um abwarten zu können	30 %	31 %

Prüfungsergebnis nicht bekannt
Ich buche	32 %
Ich buche nicht	7 %
Ich zahle zu, um abwarten zu können	61 %

Anmerkung: Der Prozentsatz derer, die in einer Situation der *Sicherheit* (Prüfungsergebnis bekannt) buchen, egal, ob sie bestanden haben oder nicht, beträgt im Schnitt 55 Prozent. Bei *Unsicherheit* sollte man intuitiv einen ähnlichen Prozentsatz erwarten. In diesem Fall buchen aber nur 32 Prozent. Außerdem verdoppelt sich bei Unsicherheit die Zahl derer, die bereit sind, einen Aufpreis zu bezahlen, um die Entscheidung aufschieben zu können.

Erneuter Einsatz beim Roulettespiel
Ich weiß, ich habe	gewonnen	verloren
Ich spiele erneut	69 %	59 %
Ich spiele nicht mehr	31 %	41 %

Ich weiß noch nicht, ob ich gewonnen oder verloren habe
Ich spiele erneut	36 %
Ich spiele nicht mehr	64 %

Bemerkung: Auch hier sind bei *Sicherheit* (ob Gewinn oder Verlust, spielt kaum eine Rolle) im Schnitt 64 Prozent zu einem neuen Spiel bereit, bei *Unsicherheit* dagegen nur 36 Prozent. Der Prozentsatz derer, die bei Unsicherheit *nicht* mehr spielen, liegt dagegen bei 64 Prozent (während man theoretisch 36 Prozent erwarten würde). Die häufigste Kombination von Antworten ein und derselben Testperson war, unausgesprochen, aber nachweisbar (von acht möglichen Kombinationen): Ich spiele erneut, wenn ich weiß, daß ich gewonnen habe; ich spiele erneut, wenn ich weiß, daß ich verloren habe; ich spiele nicht mehr, wenn ich nicht weiß, ob ich gewonnen oder verloren habe. Diese Kombination wurde bei 65 Prozent aller Befragten festgestellt, die angaben, bei Gewißheit *auf jeden Fall* einen neuen Einsatz zu wagen. Diese Antwort ist natürlich für den Nachweis des Disjunktionseffektes am interessantesten.

Insgesamt gaben also 65 Prozent der Befragten Antworten, die klar und eindeutig den Disjunktionseffekt erkennen ließen. Diese Zahl wurde auch bei den Versuchen zum Gefangenendilemma bestätigt.

Das Geburtstagsparadox
Die richtige Antwort lautet 24. Mit 36 Personen steigt die Wahrscheinlichkeit auf über 90 Prozent. Keiner schätzt intuitiv richtig, jeder glaubt, die Zahl müsse viel höher sein. Eine «klassische» Antwort ist 183, zu der man gelangt, indem man die falsche Heuristik anwendet, die Anzahl der Tage des Jahrs durch zwei zu teilen und eins dazuzurechnen, um auf über 50 Prozent zu kommen.

Dank

Obwohl die Existenz der kognitiven Täuschungen schon vor etwa zwanzig Jahren entdeckt wurde und etliche Bücher sowie Hunderte von Artikeln darüber erschienen sind, hat zu meiner Verwunderung außer einem kleinen Kreis von Wissenschaftlern so gut wie niemand davon Notiz genommen. Die allermeisten sind sich gar nicht bewußt, wie schwerwiegend diese «Geistesschwäche» ist, an der wir alle leiden und bei der es sich um etwas ganz anderes handelt als um die inzwischen wohlbekannten, durch Leidenschaft, Begierde, Egoismus oder simple Unwissenheit verursachten Fehlurteile. So hielt ich es für höchste Zeit, dem Mangel an einfachen, leicht verständlichen Informationen über diese wichtigen Entdeckungen abzuhelfen.

Einige Leser und Leserinnen werden jetzt hoffentlich verwundert fragen: «Wie ist es möglich, daß diese erstaunlichen Dinge *über uns* seit Jahren bekannt sind und uns niemand darüber informiert hat?» Ich verstehe Ihr Erstaunen, bedeutet es doch, daß Sie mit Recht der Meinung sind, Presse, Fernsehen und Politiker sollten alles, was neu und wichtig ist, «automatisch» aufgreifen und dafür sorgen, daß so wichtige Informationen allgemein zugänglich gemacht werden. Aber leider ist dem nicht so.

Erst im November 1988 hielt ich auf Einladung von Carlo Brumat und Giordano Alberghini und mit freundlicher Unterstützung von Romano Prodi und Alessandro Ovi im Rahmen der Managerausbildung der IRI-Gruppe vor einigen italienischen Topmanagern eine Vorlesungsreihe über diese Thematik. Mein herzlicher Dank gilt Brumat und Alberghini, da vieles in diesem Buch direkt auf die Notizen und Anmerkungen zurückgeht, die ich damals auf ihre Anregung hin zu Papier gebracht habe. Daß diese großzügige Initiative dann nicht fortgeführt wurde, liegt gewiß nicht an ihnen, denn in der Zwischenzeit hat an der Spitze der IRI-Gruppe ein umfassender personeller Wechsel stattgefunden.

Auf meine vergeblichen Versuche, in Italien an «höchster Stelle» Interesse für mein Thema zu wecken, möchte ich hier gar nicht erst eingehen.

Auf große Begeisterung dagegen stieß ich mit der Idee zu diesem Buch beim Verlag Mondadori, vor allem bei Gian Arturo Ferrari und Marco Vigevani. Ebenso groß ist meine Dankbarkeit für ihre Bereitschaft, mein Buch über die Entdeckung der kognitiven Täuschungen einer breiten Öffentlichkeit zugänglich zu machen. Ich hoffe für sie (und für mich), daß sie den «richtigen Riecher» hatten und daß wir nicht alle, ohne es zu merken, einer verlegerischen kognitiven Täuschung zum Opfer gefallen sind!

Des weiteren möchte ich – in chronologischer Reihenfolge – all jenen danken, die hie und da den Schleier des Schweigens schon ein wenig gelüftet haben: Giulio Macchi, der in seiner interessanten Zeitschrift *Sfera* meinen Artikel «Die kognitiven Täuschungen» veröffentlicht hat; der Tageszeitung *Unità* für ein Interview über eben diesen Artikel; Danco Singer und Domenico Parisi für ihre Einladung, auf einem Olivetti-CNR-Kongreß über das Thema zu referieren; Eugenio Scalfari und Paolo Mauri, die 1992 in der Zeitung *La Repubblica* einige Artikel von mir und anderen Wissenschaftlern herausgebracht haben; Maurizio Costanzo, der mich im Mai 1992 in seiner beliebten Fernsehshow auftreten ließ, in der ich das Spiel mit den drei Schachteln vorstellte (siehe das Kapitel «Großes Finale»); Ivar Massabò, Danco Singer und Pier Carlo Ravasio, die mir in einem von der CRAI-Olivetti organisierten kognitionswissenschaftlichen Sommerkurs im Juni 1992 in Capri die willkommene Gelegenheit boten, einer qualifizierten Gruppe italienischer Wissenschaftler diese Phänomene zu erläutern. Auch in Daniele Amatis angesehener Scuola di Studi Avanzati in Triest durfte ich mehr als einmal vor den brillanten Physikern und Mathematikern dieser Einrichtung über mein Forschungsfeld berichten. Ihnen danke ich für die belustigte und (wie mir schien) neugierige Anteilnahme an meinen Ausführungen.

Besonders wertvoll waren für mich in den letzten Jahren die vielen Diskussionen mit meinen Freunden Paolo Legrenzi und Maria Sonino-Legrenzi, beide hervorragende Fachleute auf diesem Gebiet. Paolo hat mir zudem den besonderen Gefallen erwiesen, das Manuskript dieses Buches durchzusehen, und viele nützliche Änderungen vorgeschlagen. Auch Vittorio Girotti danke ich für seine kritische Durchsicht des Manuskripts und für viele anregende Diskussionen; Laura Macchi für ihre interessante, damals noch unveröffentlichte Arbeit.

Über Italien hinausblickend, möchte ich in erster Linie den Hauptvertretern dieser Forschungsrichtung, Amos Tversky und Daniel Kahneman, danken, mit denen ich ebenfalls viele aufschlußreiche Gespräche führen durfte und die mir mit ihren oft noch unveröffentlichten Forschungsergebnissen und Überlegungen immer wieder neuen «Stoff» geliefert haben.

Die menschlich wie intellektuell hervorragende Atmosphäre des Massachusetts Institute of Technology, wo ich in den letzten acht Jahren mit großem Gewinn arbeiten konnte, hat meinen Forschungen und Überlegungen starke Impulse gegeben. Unter all den Kollegen am MIT, die sich mit den in diesem Buch behandelten Themen befassen, schulde ich Dan Osherson und Jim Higginbotham ganz besonderen Dank. Auch der Austausch mit Ned Block, George Boolos, Josh Cohen, Paul Horwich und Bob Stalnaker war für mich sehr wertvoll.

Keith Botsford, Herausgeber der Zeitschrift *Bostonia*, hat mich ermutigt, für die Aprilnummer 1991 einen Artikel über kognitive Täuschungen zu schreiben. Der Erfolg dieses kleinen Experiments hat uns beide überrascht. Der nun bereits in zwei Psychologie-Lehrbüchern abgedruckte und von Dozenten verschiedener amerikanischer Universitäten im Unterricht eingesetzte Aufsatz war, zusammen mit Keith' Großzügigkeit ein wichtiger Anstoß zu diesem Buch.

Im Herbst 1992 wurde mir während eines Fortgeschrittenenkurses über diese Thematik, den ich an der Rutgers University hielt, dank Jerry Fodor, Jacques Mehler, Steven Stich, Chuck Schmidt und Zenon Pylyshyn bewußt, wie schwierig es bisweilen sein kann, die Auswirkungen der kognitiven Täuschungen auf die Rationalitätstheorie richtig zu bewerten.

Donata Vercelli und Simone Piattelli haben auch diesmal in allen Phasen an der Entstehung meines Buches mitgewirkt. Sie und Marco Vigevani wußten klug und geduldig zu verhindern, daß ich beim Schreiben meinen eigenen kognitiven Täuschungen erlag.

Literatur

Allais, M., « Le compartement de l'homme rationnel devant le risque: Critique des postulats et axiomes de l'école américaine », *Econometrica* 21, p. 503–546, 1953.

Allman, R. M.; Steinberg, E. P.; Kemly, J. C.; Dans, P. E., « Physicians' tolerance for uncertainty: Use of liver-spleen scans to detect metastases », *Journal of the American Medical Association* 254, p. 246–248, 1985.

Arcuri, L., *Conoscenza sociale e processi psicologici*, Il Mulino, Bologna, 1989.

Arkes, H. R., « Impediments to accurate clinical judgment and possible ways to minimize their impact », *Consulting and Clinical Psychology* 49 (3), p. 323–330, 1981.

Arkes, H. R.; Hammond, K. R., Hg., *Judgement and Decision Making: An Interdisciplinary Reader*, Cambridge University Press, Cambridge/New York, 1986.

Armstrong, S. L.; Gleitman, L. R.; Gleitman, H., « What some concepts might not be », *Cognition* 13, p. 263–308, 1983.

Bacharach, M.; Hurley, S., Hg., *Foundations of Decision Theory: Issues and Advances*, Basil Blackwell, Oxford, 1991.

Bar-Hillel, M., « The base-rate fallacy in probability judgments », *Acta Psychologica* 44, p. 211–233, 1980.

Bar-Hillel, M., « Studies in representativeness », 1982, in: Kahneman/Slovic/Tversky, Hg., a. a. O.

Baron, J.; Beattie, J.; Hershey, J. C., « Heuristics and biases in diagnostic reasoning: (II). Congruence, information, and certainty », *Organizational Behavior and Human Decision Processes* 42, p. 88–110, 1988.

Bayes, T., « An Essay Towards Solving a Problem in the Doctrine of Chances », *Philosophical Transactions of the Royal Society* 53, p. 370–418, 1763; erneut erschienen in *Biometrika* 45, p. 296–315, 1958.

Bazerman, M. H., *Judgment in Managerial Decision Making*, John Wiley & Sons, New York, 1990.

Bell, D. E., « Regret in decision making under uncertainty », *Operations Research* 30, p. 361–381, 1982.

Bell, D. E.; Raiffa, H., « Risky choice revisited », in: Bell/Raiffa/Tversky, Hg., a. a. O.

Bell, D. E.; Raiffa, H.; Tversky, A., Hg., *Decision Making: Descriptive, Nor-*

mative and Prescriptive Interactions, Cambridge University Press, Cambridge/New York, 1988.

Bruner, J. S.; Goodnow, J. J.; Austin, G. A., *A Study of Thinking*, John Wiley & Sons, New York, 1956.

Casscells, W.; Schoenberger, A.; Grayboys, T., «Interpretation by physicians of clinical laboratory results», *New England Journal of Medicine* 299, p. 999–1000, 1978.

Chapman, L. J., «Illusory correlation in observational report», *Journal of Verbal Learning and Verbal Behavior* 6, p. 151–155, 1967.

Chapman, L. J.; Chapman, J., «Test results are what you think they are», *Psychology Today*, 18–22, p. 106–110, November 1971.

Cheng, P. W.; Holyoak, K. J., «On the natural selection of reasoning theories», *Cognition* 33, p. 285–314.

Cohen, L. J., «Can human irrationality be experimentally demonstrated?», *The Behavioral and Brain Sciences* 4, p. 317–331, 1981.

Cosmides, L., «The logic of social exchange: Has natural selection shaped how humans reason? Studies with the Wason selection task», *Cognition* 33, p. 285–313, 1989.

Cosmides, L.; Tooby, J., «Are humans good intuitive statisticians after all? Rethinking some conclusions from the literature on judgment under uncertainty», *Cognition*, in Vorbereitung.

Diaconis, P., «Statistical problems in ESP research», *Science*, vol. 201, p. 131–136, 1978.

Dray, R., «Historians' fallacies», in: Arkes/Hammond, Hg., a. a. O.

Earman, J., *Bayes or Bust? A Critical Examination of Bayesian Confirmation Theory*, Bradford Books/The MIT Press, Cambridge, Massachusetts, 1992.

Eddy, D. M., «Probabilistic reasoning in clinical medicine: Problems and opportunities», in: Kahneman/Slovic/Tversky, Hg., a. a. O.

Edwards, W., «The theory of decision making», *Psychological Bulletin* 51, p. 380–417, 1954.

Edwards, W., «Conservatism in human information processing», in: Kleinmuntz, B., Hg., *Formal Representation of Human Judgment*, John Wiley & Sons, New York, 1968.

Einhorn, H. J.; Hogarth, R. M., «Confidence in judgment: Persistence of the illusion of validity», *Psychological Review* 85, p. 395–416, 1978.

Einhorn, H. J.; Hogarth, R. M., «Behavioral decision theory: Processes of judgment and choice», *Annual Review of Psychology* 32, p. 53–88, 1981.

Ellsberg, D., «Risk, ambiguity, and the Savage axioms», *Quarterly, Journal of Economics* 75, p. 643–669, 1961.

Elster, J., Hg., *Rational Choice*, New York University Press, New York, 1986.

Evans, J. St. B. T., Hg., *Thinking and Reasoning: Psychological Approaches*, Routledge & Kegan Paul, London, 1983.

Falk, R., «A closer look at the probabilities of the notorious three prisoners», *Cognition* 43 (3), p. 197–223, 1992.

Fischer, D. H., *Historians' fallacies*, Harper and Row, New York, 1970.

Fischhoff, B., «Hindsight is not foresight: The effect of outcome knowledge on judgment under uncertainty», *Journal of Experimental Psychology: Human Perception and Performance*, 1, p. 288–299, 1975.

Fischhoff, B., «Debiasing», in: Kahneman/Slovic/Tversky, Hg., a.a.O.

Fischhoff, B., «For those condemned to study the past: Heuristics and biases in hindsight», in: Kahneman/Slovic/Tversky, Hg., a.a.O.

Fischhoff, B.; Slovic, P.; Lichtenstein, S., «Knowing with certainty: The appropriateness of extreme confidence», *Journal of Experimental Psychology: Human Perception and Performance*, 3, p. 552–564, 1977.

Fishburn, P.C., «Nontransitive measurable utility», *Journal of Mathematical Psychology* 26, p. 31–67, 1982.

Fodor, J.A., *The Language of Thught*, Harvard University Press, Harvard 1975.

Fraassen, B.C. van, «Belief and the will», *The Journal of Philosophy* 81 (5), p. 235–256, 1984.

Friedman, M.; Savage, L.J., «The utility analysis of choices involving risk», *Journal of Political Economy* 56, p. 279–304, 1948.

Friedman, M.; Savage, L.J., «The expected-utility hypothesis and the measurability of utility», *Journal of Political Economy* 60, p. 463–474, 1952.

Gärdenfors, P.; Sahlin, N.E., Hg., *Decision, Probability, and Utility: Selected Readings*, Cambridge University Press, Cambridge/New York, 1988.

Gardner, M., *The Second Scientific American Book of Mathematical Puzzles and Diversions*, Simon and Schuster, New York, 1961.

Gigerenzer, G., «How to make cognitive illusions disappear: Beyond ‹Heuristics and biases›», *European Review of Social Psychology* 2, p. 83–115, 1991.

Gigerenzer, G.; Hoffrage, U.; Kleinbölting, H., «Probabilistic mental models: A Brunswikian theory of confidence», *Psychological Review* 98 (4), p. 506–528, 1991.

Gigerenzer, G.; Hug, K, «Domain-specific reasoning: Social contracts, cheating, and perspective change», *Cognition* 43, p. 127–171, 1992.

Gigerenzer, G.; Murray, D.J., *Cognition as Intuitive Statistics*, Lawrence Erlbaum, Hillsdale, N.J., 1987.

Gillman, L., «The car and the goats», *The American Mathematical Monthly* 99 (1), p. 3–7, Januar 1992.

Goodman, N., *Tatsache, Fiktion, Voraussage*, Suhrkamp, Frankfurt a.M., 1988.

Gregory, R., *Auge und Gehirn: Zur Psychophysiologie des Sehens*, Kindler, München, 1966.

Heap, S.H.; Hollis, M.; Lyons, B.; Sugden, R.; Weale, A., *The Theory of Choice: A Critical Guide*, Basil Blackwell, Oxford, 1992.

Hogarth, R.M., Hg., *New Directions for Methodology of Social and Behavioral Science: The Framing of Questions and the Consistency of Responses*, Jossey-Bass Publisher, San Francisco, 1982.

Holt, R.R., «Yet another look at clinical and statistical prediction», *American Psychologist* 25, p. 337–339, 1970.

Hume, D., *Dialog über natürliche Religion*, Meiner, Hamburg, 1993 (6. Aufl.).
Jeffrey, R. C., *The Logic of Decision*, McGraw-Hill, New York, 1983 (2. Aufl.).
Jeffrey, R. C., «Probable Knowledge», in: Gärdenfors/Stahlin, Hg., a. a. O., p. 86–96.
Johnson-Laird, P. N., *Mental Models: Towards a Cognitive Science of Language*, Cambridge University Press, Cambridge 1990.
Johnson-Laird, P. N., *Der Computer im Kopf: Formen und Verfahren der Erkenntnis*, dtv, München, 1995.
Johnson-Laird, P. N.; Wason, P. C., Hg., *Thinking: Readings in Cognitive Science*, Cambridge University Press, Cambridge, 1977.
Kahneman, D.; Slovic, P.; Tversky, A., Hg., *Judgment under Uncertainty: Heuristics and Biases*, Cambridge University Press, Cambridge/New York, 1982.
Kahneman, D.; Tversky, A., «Prospect theory: An analysis of decision under risk», *Econometrica* 47, p. 263–291.
Kahneman, D.; Tversky, A., «On the psychology of prediction», *Psychological Review* 80, p. 237–251, 1973.
Kahneman, D.; Tversky, A., «Choices, values and frames», in: Arkes/Hammond, Hg., a. a. O.
Kassirer, J. P., «Our stubborn quest for diagnostic certainty», *New England Journal of Medicine* 320, p. 1489–1491, 1989.
Kelly, K. T.; Glymour, C., «Convergence to the truth and nothing but the truth», *Philosophy of Science* 56, p. 183–220, 1989.
Kleinmuntz, B., «The scientific study of clinical judgment in psychology and medicine», *Clinical Psychology Review* 4, p. 111–126, 1984.
Kneale, W.; Kneale, M., *The Development of Logic*, Clarendon Press, Oxford 1962.
Knight, F. H., *Risk, Uncertainty, and Profit*, Houghton-Mifflin, Boston, MA, 1921.
Kreps, D. M., *Notes on the Theory of Choice*, Westview Press, London, 1988.
Le Nouvel Observateur, «Le français et le bonheur», 3. September 1973.
Lichtenstein, S.; Fischhoff, B.; Phillips, L. D., «Calibration of probabilities: The state of the art to 1980», in: Kahneman/Slovic/Tversky, Hg., a. a. O.
Loomes, G.; Sugden, R., «Regret theory: An alternative theory of rational choice under uncertainty», *Economic Journal* 92, p. 805–824, 1982.
Loomes, G.; Sugden, R., «Some implications of a more general form of regret theory», *Journal of Economic Theory* 41, p. 270–287, 1987.
Lusted, L. B., *Introduction to Medical Decision Making*, C. C. Thomas Publisher, Springfield, ILL., 1968.
Macchi, L., «La considerazione della probabilità primaria nel ragionamento probabilistico», *Giornale Italiano di Psicologia*, XIX (1), p. 101–118, 1992.
Manktelow, K. I.; Over, D. E., Hg., *Rationality*, Routledge, London, in Vorbereitung.
Marschak, J., «Rational behavior, uncertain prospects, and measurable utility», *Econometrica* 18, p. 111–114, 1950.

McNeil, B. J.; Pauker, S. G.; Sox, H. C., Tversky, A., «On the elicitation of preferences for alternative therapies», *New England Journal of Medicine* 306, p. 1259–1262, 1982.

McNeil, B. J.; Pauker, S. G.; Tversky, A., «On the framing of medical decisions», in: Bell/Raiffa/Tversky, Hg., a. a. O.

McNeil, B. J.; Weichselbaum, R.; Pauker, S. G., «Fallacy of the five-year survival in lung cancer», *New England Journal of Medicine* 299, p. 1397–1401, 1978.

Meehl, P. E., *Clinical versus Statistical Prediction: A Theoretical Analysis and a Review of the Evidence*, University of Minnesota Press, Minneapolis, 1954.

Mosconi, G.; D'Urso, V., *La soluzione di problemi*, Giunti Barbera, Firenze, 1974.

Mosconi, G.; Serafini, M. G.; Bagassi, M., «L'antefatto del problem solving. Il problema della compravendita del cavallo», *Rivista di Psicologia* (Nuova Serie), 3, p. 9–27, 1989.

Moser, P. K., Hg., *Rationality in Action: Contemporary Approaches*, Cambridge University Press, Cambridge/New York, 1990.

Neumann, J. von; Morgenstern, O., *Spieltheorie und wirtschaftliches Verhalten*, Physica, Würzburg 1961.

Nisbett, R. E.; Ross, L., *Human Inference: Strategies and Shortcomings of Social Judgment*, Prentice Hall, Englewood Cliffs, N. J., 1980.

Nisbett, R. E.; Ross, L., *L'inferenza umana: strategie e lacune del giudizio sodale*, Il Mulino, Bologna, 1989.

Osherson, D. N.; Smith, E. E., Hg., *Thinking*, Band 3 von *An Invitation to Cognitive Science*, The MIT Press, Cambridge, Massachusetts, 1990.

Osherson, D. N.; Smith, E. E.; Shafir, E. B., «Some origins of belief», *Cognition* 24, p. 197–224, 1986.

Osherson, D.; Smith, E.; Wilkie, O.; Lopez, A.; Shafir, E., «Category-based induction», *Psychological Review* 97, p. 185–200, 1990.

Osherson, D.; Stob, M.; Weinstein, S., *Systems that Learn*, The MIT Press, Cambridge, Mass., 1986.

Osherson, D. N.; Stob, M.; Weinstein, S., «Mechanical Learners Pay a Price for Bayesianism», *The Journal of Symbolic Logic* 53 (4), p. 1245–1251, 1988.

Osherson, D.; Stob, M.; Weinstein, S., «Paradigms of truth detection», *Journal of Philosophical Logic* 18, p. 1–42, 1989.

Oskamp, S., «Overconfidence in case-study judgments», in: Kahneman/Slovic/Tversky, Hg., a. a. O.

Owen, D., «Hume versus Price on miracles and prior probabilities: Testimony and the Bayesian calculation», *The Philosophical Quarterly* (37), 147, p. 187–202, 1987.

Peterson, C. R.; Beach, L. R., «Man as an intuitive statistician», *Psychological Bulletin* 68, p. 29–46, 1967.

Piattelli Palmarini, M., «Le illusioni cognitive», *Sfera* 6, p. 32–35, 1989.

Piattelli Palmarini, M., «Probability blindness: Neither rational nor capricious», *Bostonia*, p. 28–35, März/April 1991.

Piattelli Palmarini, M., Hg., *Linguaggio e apprendimento*, Jaca Books, Mailand, 1991.
Piattelli Palmarini, M., *Lust am Lernen*, dtv, München, 1996.
Pizzorno, A., «Sulla razionalità della scelta democratica», in: *Stato e Mercato* 7, 1983; auch in: Birnbaum, P.; Leca, J., Hg., *Individualism: Theories and Methods*, Clarendon Press, Oxford, 1990.
Pizzorno, A., «On the Individualistic Theory of Social Order», in: Bourdieu, P.; Coleman, J., Hg., *Social Theory for a Changing Society*, Cambridge University Press, Cambridge, 1991.
Popper, K., *Logik der Forschung*, Mohr, Tübingen, 1994 (10. Aufl.).
Putnam, H., *Vernunft, Wahrheit und Geschichte*, Suhrkamp, Frankfurt a. M. 1989.
Raiffa, R. D.; Luce, H., «Individual decision making under uncertainty», in: *Games and Decisions* (p. 275–306), John Wiley & Sons, 1957.
Resnik, M. D., *Choices: An Introduction to Decision Theory*, University of Minnesota Press, Minneapolis, 1987.
Rosch, E., «Principles of categorization», in: Rosch, E.; Lloyd, B. B., Hg., *Cognition and Categorization* (p. 27–48), Lawrence Erlbaum, Hillsdale, N. J., 1978.
Rumiati, R., *Giudizio e decisione*, Il Mulino, Bologna, 1990.
Russell, B., *Philosophie: Die Entwicklung meines Denkens*, Fischer TB, Frankfurt a. M., 1992 (2. Aufl.).
Saks, M. J.; Kidd, R. F., «Human information processing and adjudication: Trial by heuristics», *Law and Society Review* 15 (1), p. 123–160, 1980.
Savage, L. J., *The Foundations of Statistics*, John Wiley & Sons, New York, 1954.
Savage, L. J., «Allais' paradox» (1956), in: Gärdenfors/Sahlin, Hg., a. a. O.
Scholz, R. W., Hg., *Decision Making under Uncertainty: Cognitive Decision Research, Social Interaction, Development and Epistemology*, Elsevier Science Publishers/North Holland, Amsterdam/New York, 1983.
Schwing, R.; Albers, W. A., Hg., *Societal Risk Assessment: How Safe Is Safe Enough?*, Plenum Press, New York, 1980.
Sells, S. B., «The atmosphere effect: An experimental study of reasoning», *Archivia Psychologica* 29, p. 3–72, 1936.
Shafer, G.; Tversky, A., «Languages and designs for probability judgment», *Cognitive Science* 9, p. 309–339, 1985.
Shafir, E., «Prospect theory and political analysis: A psychological perspective», *Political Psychology* 13 (2), p. 311–322, 1992.
Shafir, E.; Osherson, D. N.; Smith, E. E., «An advantage model of choice», *Journal of Behavioral Decision Making* 2 (1), p. 1–23, 1989.
Shafir, E.; Osherson, D. N.; Smith, E. E., «The advantage model: A comparative theory of evaluation and choice under risk», *Organizational Behavior and Human Decision Processes*, in Vorbereitung.
Shafir, E. B.; Tversky, A., «Thinking through uncertainty: Nonconsequential reasoning and choice», *Cognitive Psychology*, in Vorbereitung.

Simon, H. A., «Rational choice and the structure of environment», *Psychological Review* 63, p. 129–138, 1956.

Skyrms, B., *Choice and Chance: An Introduction to Inductive Logic*, Wadsworth, Belmont, Massachusetts, 1986.

Slovic, P., «Psychological study of human judgment: Implications for investment decision making», *Journal of Finance* 27 (4), p. 779–799, 1972.

Slovic, P.; Fischhoff, B.; Lichtenstein, S., «Facts versus fears: Understanding perceived risk», in: Schwing/Albers, Hg., a.a.O.

Slovic, P.; Fischhoff, B.; Lichtenstein, S., «Response mode, framing, and information processing», in: Bell/Raiffa/Tversky, Hg., a.a.O.

Smith, E., «Categorization», in: Osherson/Smith, Hg., a.a.O.

Smith, E.; Osherson, D.; Rips, L.; Keane, M., «Combining prototypes: A selective modification model», *Cognitive Science* 12, p. 485–527, 1988.

Tabossi, P., *Intelligenza naturale e intelligenza artificiale. Introduzione alla scienza cognitiva*, Il Mulino, Bologna, 1988.

Taylor, S. E., «The availability bias in social perception and interaction», in: Kahneman/Slovic/Tversky, Hg., a.a.O.

Thaler, R. H., «Illusions and mirages in public policy», *The Public Interest* 73, p. 60–74, 1983.

Tversky, A., «Features of similarity», *Psychological Review* 84, p. 327–352, 1977.

Tversky, A.; Gati, I., «Studies of Similarity», in: Rosch, E.; Lloyd, B., Hg., *Cognition and Categorization* (p. 79–98), Lawrence Erlbaum, Hillsdale, N. J., 1978.

Tversky, A.; Kahneman, D., «Availability: A heuristic for judging frequency and probability», *Cognitive Psychology* 4, p. 207–232, 1973.

Tversky, A.; Kahneman, D., «Causal schemas in judgments under uncertainty», in: Fishbein, M., Hg., *Progress in Social Psychology*, Lawrence Erlbaum, Hillsdale, N. J., 1980.

Tversky, A.; Kahneman, D., «The framing of decisions and the psychology of choice», *Science* 211, p. 453–458, 1981.

Tversky, A.; Kahneman, D., «Belief in the law of small numbers», in: Kahneman/Slovic/Tversky, Hg., a.a.O.

Tversky, A.; Kahneman, D., «Evidential impact of base rates», in: Kahneman/Slovic/Tversky, Hg., a.a.O.

Tversky, A.; Kahneman, D., «Judgment of and by representativeness», in: Kahneman/Slovic/Tversky, Hg., a.a.O.

Tversky, A.; Kahneman, D., «Judgment under uncertainty: Heuristics biases», in: Kahneman/Slovic/Tversky, Hg., a.a.O.

Tversky, A.; Kahneman, D., «Extensional versus intuitive reasoning: The conjunction fallacy in probability judgment», *Psychological Review* 90, p. 293–315, 1983.

Tversky, A.; Kahneman, D., «Rational choice and framing of decisions», in: Bell/Raiffa/Tversky, Hg., a.a.O., p. 167–192.

Tversky, A.; Kahneman, D., «Advances in prospect theory: Cumulative representation of uncertainty», *Journal of Risk and Uncertainty*, in Vorbereitung.

Tversky, A.; Shafir, E., «The disjunction effect in choice under uncertainty», *Psychological Science* 3 (5), p. 305–309, 1992.

Viale, R., *Metodo e società nella scienza: fattori metodologici, sociali e cognitivi delle decisioni scientifiche*, Franco Angeli, Mailand, 1991.

Wallsten, T. S., Hg., *Cognitive Processes in Choice and Decision Behavior*, Lawrence Erlbaum, Hillsdale, N. J., 1980.

Wason, P. C., «On the failure to eliminate hypotheses in a conceptual task», *Quarterly Journal of Experimental Psychology* 12, p. 129–140, 1960.

Wason, P. C., «Reasoning», in: Foss, B. M., Hg., *New Horizons in Psychology (I)*, Penguin, London, 1966.

Wason, P. C., «Realism and rationality in the selection task», in: Evans, St. J. B., Hg., *Thinking and Reasoning: Psychological Approaches*, Routledge and Kegan Paul, London, 1983.

Wittgenstein, L., *Über Gewißheit*, Suhrkamp, Frankfurt a. M., 1971.

Yates, J. F., *Judgment and Decision Making*, Prentice Hall, Englewood Cliffs, N. J., 1990.

Register

Abkürzungen, intuitive 13, 127, 154
    (→ Heuristik)
Ähnlichkeit 133 f
– A/Symmetrie 134
→ Fehlschluß 133
→ nicht transitive 134
– subjektive Landkarte 134–136
– Zunahme 136
Ähnlichkeitsbewertung 134, 137
Ähnlichkeitseinstufung, intuitive 131–135
Ähnlichkeitsgefälle 131
Ähnlichkeitsparadox 137
Ähnlichkeitsskala 131
Alberghini, Giordano 166
Allais, Maurice 56, 148
American Statistician 141
«Ankereffekt» 44 f, 66, 104, 113 f, 124, 133
– Auswirkungen 114
→ Drei-Schachtel-Problem 145
– Glücksradzahl 113
Ankerwerte 45
a-posteriori-Wahrscheinlichkeit 97
a-priori-Wahrscheinlichkeit 76, 96, 98 f, 162 (→ Wahrscheinlichkeit)
Aristoteles 12, 37

Bar-Hillel, Maya 70, 160
Bayes, Thomas 97, 163
«Bayesianer» 97, 102
Bayessche Formel 24, 74 f, 77, 95–99, 122, 157, 161 f
    (→ Wahrscheinlichkeit)

– Anwendung 99
– intuitive Version 161
Bedauern 28, 30, 80, 91
– Minimierung 28 f
Bedingung, hinreichende 100 f
Bedingung, notwendige 100 f
Behaviorismus 151
Besserwissen, nachträgliches 104, 111, 113
Bewußtseinsschwelle 22
Bianchi
– Aktienkauf 29 f
– Beruf 68
– Flugzeug verpaßt 30
bias 13, 21, 25 f, 52, 55, 66, 124
    (→ Tunnel, mentale)
– kognitiver 27, 30
– komplexer 28
– psychologischer 27
– Verringerung 106
Biotin 23 f
Bogen von St. Louis 20–22, 33
    (→ optische Täuschung)
Bohr, Niels 90
Bostonia (Zeitschrift) 142, 168
Brumat, Carlo 166
Bruner, Jerome 153 f
Buchmacher, holländischer 15–17, 58

Carnegie Mellon University 155
Chapman, L. J. und J. P. 152
Church, Alonzo 130

Darwinismus, naiver 11
debiaging 106 (→ *bias*)
Deduktionstheorie 154
De Groot, A. D. 155
Denken 10, 20, 26, 32
- in Wahrscheinlichkeiten 47
  (→ ebd.)
- irrationales 17 f (→ Irrationalität)
- kindliches 154 f
- magisches 90 f, 104, 109, 111, 152–154
- Philosophie 125
- quasimagisches 89–91, 108
- rationales 17, 122, 139 f
  (→ Rationalität)
- → Sophisma 32
- Verbesserung 140
Denkfehler 9, 12, 39, 46, 104, 125, 146
- geographischer 9
Denkmechanismen, grundlegende 13
Denkmodule 43
Denkmuster 38
- Korrekturen 20
- unbewußte 42
Denkroutinen 42
Denkstrategien 127 (→ Strategien)
Denkweisen 137
- falsche 21, 40, 68, 105, 123
- spontane 66, 136, 139
Dessertvorliebe 14 f, 18 (→ Rossi)
Diagnose, ärztliche 52, 96, 114, 149 f, 161
→ Wahrscheinlichkeit 102
Diagnose, automatisierte 150
«Diagnosemaschine» 150
Diagnosefehler, «pessimistischer» 163
diagnostische Asymmetrie 72
diagnostische Indikation 72
diagnostische → Korrelationen 75, 77
Disjunktion 82, 150 (→ Hypothese)
- Abneigung gegen 154
Disjunktionseffekt 85–87, 89–92, 94, 164 f
Disjunktionsoperatoren 135
Disjunktionstrugschluß 85

Disjunktionstunnel 83 f, 90
  (→ Tunnel, mentale)
disjunktive Sprache 154
Drei-Schachtel-Problem 13, 39 f, 43, 142–145, 147, 167
- Wechselnotwendigkeit 144

Eingängigkeit 104, 115 f, 122, 155
Einrahmen 45 (→ Rahmeneffekt)
emotive Korrelate 30
emotive Verzerrung 9
«Entkonditionierung» 151
Entscheidungen 10, 39, 90, 126
→ Drei-Schachtel-Problem 143 f
- gegnerische 89, 93
- Gesamtzusammenhang 55
→ intuitive 81
→ irrationale 12
- medizinische 52
- militärische 80
- Paradoxa 148
- rationale 53
- Rechtfertigungen 29
→ Ungewißheit 10, 148, 156
- vernunftgelenkte 81
- wirtschaftliche 89
Entscheidungsproblem 53
Entscheidungspsychologie 92
Entscheidungsschwäche 84
Entscheidungstheorie 15, 81, 84, 92
- Fachtexte 95
- klassische rationale 58
Entscheidungstransitivität 17
Entwicklungspsychologie 155 f
  (→ Psychologie)
Epidemie, asiatische 50–52
Erdbebenversicherung 78 f
Ereignisse
- Prognosen 96
- verknüpfte 119–121
  (→ Verknüpfungseffekt)
- Vorhersehbarkeit eingetretener 111 f
Erkenntnistheorie 125 f, 137
Erkrankungsrisiko 77–79
  (→ Risikominimierung)

Erwartungswert 51 (→ Nutzen, erwarteter)
Expertenurteil 156 (→ Urteile)
Experimente → Tests

Fast-Gewißheit 100 f, 108, 117
Fehlschluß 101, 104, 110, 119
Fehlurteil 9, 41, 73, 75, 127, 155, 166 (→ Urteil)
– Korrektur 43
Finetti, Bruno de 64
Fischhoff, Baruch 105 f
Fisher, Ronald A. 64
Frege, Gottlob 130
Freud, Sigmund 10 f, 12, 41

Gardner, Martin 141, 147
«Geburtsabteilung» 69–73, 160
Geburtstagsparadox 116, 163
Gefangenendilemma (I) 88 f, 92, 141
Gefangenendilemma (II) 145–147, 165
– Überlebenschancen verdoppelt 146 f
Geldpumpe 15–17, 58
Gesetz der kleinen Zahl 48
Gesundheit, lebenslängliche 14, 16–18
Gewinn 29 f, 54–58
– Kompensation 159
– Risikoscheu 55 f, 159, 164
Gewinnchancen 85 f, 117
Gigerenzo, Gerd 63, 66, 136
Gleitman, Henry 132
Gleitman, Lila 132
Glücksfaktor 14, 16–18
Glymour, Clark 157
Gödel, Kurt 130
Golgischer Apparat 23 f
Gregory, Richard L. 34 f, 37, 42
Grundhäufigkeiten, Mißachtung der 66, 68 f, 75, 101, 110
– Landwirte/Bibliothekare 67 f
– Rechtsanwälte/Ingenieure 68 f
– Taxifarbe 76 f
Grundwahrscheinlichkeit 99
Gruppenwahrscheinlichkeiten 63

Hall, Monty 142 (→ Monty-Hall-Paradox)
Harvard University 116
Häufigkeitskorrelationen 71
«Hauptsünden» 104, 108, 110, 115 f, 120, 123
Heinz und Vanessa 72 f
Heuristiken 13, 21 f, 24 f, 30, 40, 77, 104, 110, 124
– bewußte 22
→ Denken 22
– explizite 22
– geeignetere 41
– implizite 22
– kognitive 22 f
– spontane 25
– unbewußte 22
hinreichender Grund 82
«Historienirrtümer» 112
Holt, Robert R. 150
Hume, David 77
Hypothese 96, 98 f, 150
– diagnostische 108
– disjunktive 153 f, 157 (→ Disjunktion)
– Falsifizierung 111
– irrige 36, 164
– perzeptive 34
– Taube 151
– unbewußte 35, 118
– visuelle 35
– Wahrheitsgehalt 96

Identitätsparadox 136 f
Identitätsprinzip 130
Induktion 156 f
Induktion, spontane 23
«ing»-Wörter 41, 155
Intuition, 22, 67, 99, 119, 126, 131, 136, 144
– falsche 138
– fehlbare 25, 116
– geographische 7
– «richtige» 161
→ Risiko 74
– spontane 32, 36, 40, 111

- Umwälzung 156
- unwillkürliche 43
- Verbesserung 102, 151
- Voraussage 150
- → Wahrscheinlichkeit 74
- «wilde» 11, 137, 156
- zwanghafte 46

Irrationalität 17, 40, 104, 118, 137
(→ Rationalität)
- kollektive Reaktionen 118
- menschliches Denken 64, 139
(→ Denken)
- Verhalten 116

Johnson-Laird, Philip 38 f, 109, 158

Kahneman, Daniel 20, 40 f, 43, 48, 53 f, 56, 60 f, 63, 67, 70, 76, 103, 119, 121, 130, 159, 168
Kalkül 132
- logisches 110
- rationales 51, 91 (→ Rationalität)
- unbewußtes 131
Kant, Immanuel 12, 42
Kategorie, konjunktive 135
Kategorienlehre, formale 132
Kelly, Kevin 157
Kognitionswissenschaft 10, 23, 25, 27, 40, 43, 52 f, 81, 111, 121, 125, 127, 134, 136, 139, 145, 153
- angewandte 156
- Experimente 57 (→ Tests)
- Fachtexte 95
- Grenzen 43, 125
- Klassiker 66 f
- mentale Strukturen 125
- moderne 151
- reine 31
kognitionswissenschaftliche Revolution 21, 26, 123, 127
kognitionswissenschaftliche Schlußfolgerung 42
kognitive Asymmetrie 53
kognitive Entwicklung 153
kognitive Psychohygiene 147
kognitiver Tunnel → Tunnel, mentaler

kognitive Täuschungen 9, 18, 20 f, 32–34, 36, 40, 42 f, 47, 63, 73, 76, 113, 124–126, 128 f, 137–139, 142, 155, 166, 169
- Augenfarbe 71
- echte 41
- Folgen 113
- gefährliche 66
- intuitives Urteil 33
- Korrekturresistenz 49
- medizinischer Test 73 (→ Test)
- → Rationalitätstheorie 168
- reine 26, 43
- typische 48
kognitive Trägheit 53
kognitive Ursachen 30
Kommutativgesetz 44, 46, 128, 133
Konjunktion 60, 150
Konjunktionseffekt 119, 160
(→ Verknüpfungseffekt)
Konjunktionsoperatoren 135
Konkurrenz 88, 92 f
Kooperation 88, 92 f
Korrelationen, positive 110
Korrelationen, täuschende 152
Korrelationskoeffizienz 152
Künstliche Intelligenz 153, 155

Ledley, R. S. 149 f
Le Nouvel Observateur 14
Lichtenstein, Sarah 105 f
Linda-Test 59–65, 119, 160 (→ Tests)
- Einwände 61–63
- Fall B und F 60, 65
(→ Verknüpfungseffekt)
Logik 37 f, 82, 125–127, 130, 149, 154, 158
- Deduktionsprinzipien 149
- effizientere 130
- formale 154
- Grundprinzipien 130, 136 f, 149
- induktive 95
- klassische 137
- Krise 130, 138
- Paradoxa 138
- spontane 39

logische Funktionen 150, 154
logischer Schluß 38, 158
Lonig-Test 59–65, 159 (→ Tests)
— Einwände 61–63
— Fall C und J 59, 61, 64, 159
  (→ Verknüpfungseffekt)
Luce, Duncan R. 149
Lügnerparadox 130, 137
Lusted, L. B. 149 f

Macchi, Giulio 142, 167
Mailandreise 81–83
Maschinentheorie 157
Maskenexperiment 34–37, 42
Massachusetts Institute of Technology (MIT) 80, 131, 141, 157, 168
McNeil, B. J. 52
Medin, Douglas 130
Meehl, Paul E. 150
Meinungsumfrage 14, 16–18
  (→ Glücksfaktor)
Mengentheorie 130, 132
Mengen, unscharfe 135
«mentale Module» 42
mentale Ökonomie 28 f, 42, 53, 93
mentale Regeln 132
mentaler Tunnel → Tunnel, mentaler
mentales Budget 27 f
mentales Hindernis 46
mentales Klischee 68 f, 72
mentale Verformungen 18
Minister, Diebe, Tankstellenbesitzer 37–39, 158
Minsky, Marvin 157
Monty-Hall-Paradox 39, 141 (→ Drei-Schachtel-Problem)
Müller-Lyersche Figur 22, 32 f, 126
Münzwurf 47, 49, 51, 54, 58
— geheime Versteigerung 57

National Bureau of Standards 149
National Institute of Health 149
«Naturzustände» 96 f
Neckerscher Würfel 32
Neiman, Jerzy 64
Neumann, John von 130, 149

Neurophysiologie 34
Newcomb, T. M. 151 f
Newell, Alan 155
New England Journal of Medicine 52
New York Times 39, 120, 128, 142
normative Theorien 126
Nullrisiko 118 (→ Risiko)
Nutzen, erwarteter 51, 55, 149
— Optimierung 149
optische Täuschung 32 f, 125, 137 f
— Beharrlichkeit 20
→ Bogen von St. Louis
→ Maskenexperiment
→ Müller-Lyersche Figur
Optimierungsgrundsätze 58
Osherson, Daniel N. 130 f, 141, 157
Othello-Effekt 120, 122

Papert, Seymour 157
Parade Magazine 142
Paradox, logisches 136 f
Perceptron-Modell 157
Philosophie 12, 33, 41
Piaget, Jean 154 f
Pinker, Steven 130
Pizzorno, Alessandro 92
«Polenkrise-Test» 61, 119, 121
Popper, Karl R. 111
popular induction 115
Präferenzen, intransitive 16
Präferenzen, widersprüchliche 18
Präferenzinversion 14 f, 17
— Dessertvorlieben 14 f, 18
Präferenzskala 15 f
— innere 17
Princeton University 85
«Prinzip der sicheren Sache» 81 f
  (→ Savage-Prinzip)
Probanden → Testpersonen
propriozeptive Täuschung 26
Propriozeptoren 26
«Prototypeffekt» 133
psychische Realität 134, 136
Psychoanalyse 10 f, 40
Psychologie 24, 26, 28, 38, 40, 43, 84, 112, 130, 136, 156

– konstruktivistische 155
– ohne die Emotionen 31
– spontane Prozesse 125
– traditionelle 41
psychologisches Profil 109, 152
Psychoökonomie → mentale Ökonomie

Rahmeneffekt 50–54, 66, 72, 124
Raiffa, Howard 149
Rassismus 69
Rationalität 12, 80 f, 96, 118, 122, 126, 139, 144, 149, 153
– als Grenzfall 139
– «alternative» 127
– artspezifische 12
– Gesetze 127, 129
– Grenzen 126, 137
– Handelnder 97
– ideale 139, 151, 156 f
– Krise 128, 130, 157
– Regeln 13, 57
– Vertiefung 127
Rationalitätstheorie 12, 140, 157
– normative 127, 134, 137, 140, 149, 151, 157
Rechnen, explizites 46
Risiko 39, 118 (→ Gewinn; Verlust)
– Bewertung 39
– Verdoppelung 117
Risikobeschränkung 79
Risikodeckung 79
Risikominimierung 163
– auf Null 117
– rationale Methode 97
Rosch, Eleanor 130
Rosenblatt, Arthur 157
Rossi 14
Aktienkauf 29 f
– Beruf 68
– Desserts 14 f, 18
– Flugzeug verpaßt 30
– Theaterkarten 27 f
Roulette 49, 85 f, 87, 164
Ruritaner 37
Russell, Bertrand 115, 130

Savage, Leonard J. 64, 81 f, 84, 149
Savage-Prinzip 84, 87
Schätzung, asymmetrische 44
Schätzung, intuitive 163
Schluß, falscher 101, 119
Schluß, intuitiver 76, 95
Schöffenirrtum 75 f, 163
Schweder, R. A. 152
Scientific American 141
«Segregation» 53 f, 124
– spontane 55
Selbstsicherheit 107 f
– Mißtrauen 108
Selbstüberschätzung 104, 106, 108, 112 (→ Testpersonen)
Selbstverwirklichung 14, 16
Sfera (Zeitschrift) 142, 167
Shafir, Eldar 83, 87–89 f, 91–93, 164
Sicherheit, absolute 118
Sicherheitseffekt 77–80
Simon, Herbert 155
Skinner, Burrhus Frederick 151 f
Slovic, Paul 105 f
Smith, Edward 130
Snyder, R. E. 161
Sophisma 32, 73
«Spieler-Irrtum» 48
Spielwürfelsequenz 48
Stanford University 84 f, 158, 164
Statistik 47, 49, 61, 74, 103, 108, 119, 160
– Fachtexte 95
– Grundfragen 64, 102
– Häufigkeit 116
→ Intuitionen 157
– Todesursachen 107, 115 f
– Voraussage 150
statistische Korrelation 71 f, 108
statistische Schwankung 71
Stob, Michael 157
Strategie 97, 143
→ Bayessche 97
– gegnerische 88
– intuitive 11, 45
– kognitive 154
– mentale 40, 127

184 Register

- nichtrationale 99
- → Rahmeneffekt 45
- «s»-Wörter 41 f
- Syllogismus 37–39, 158
- unlösbarer 39
- Szenarien 120, 122 f
- Beeinflußbarkeit durch 104

- Taxifarbe 76 f, 163
  (→ Schöffenirrtum)
- Testergebnisse 97
- falsche negative 100 f, 162
- falsche positive 100 f, 161 f
- negative 97, 102, 161 f
- positive 98, 102, 161–163
- → Wahrscheinlichkeit 98 f
- Testpersonen 40, 48, 88, 105, 108, 112, 115, 128, 130 f, 152, 165
- Ergebnisvoraussage 111 f
- Persönlichkeitsprobleme 153
- Selbstsicherheit 105, 107 f
- Zuverlässigkeit 108
- Tests 40, 50, 60, 85, 96, 121, 136, 150, 153 f, 158 f
- → Epidemie, asiatische 50–52
- → Louis und Linda 66
- medizinischer 73, 99–101, 108
- Peter 67 f
- Prüfung/Reise 86 f
- Säugetierarten 131 (→ Ähnlichkeit)
- → Schöffenirrtum 99 f
- Selektionsaufgaben 109
- Sensibilität 162 f
- Todesursachen 107, 115 f
- vier Karten 109–111
- vor Durchführung 96, 98
- Zuverlässigkeit 73 f, 96, 101, 162
- Traumanalyse 10
- Tunnel, mentaler 7–9, 12, 21 f, 25, 29, 38 f, 43, 46, 52, 61, 66, 68, 80, 84, 90, 104, 118, 139, 141, 147, 155, 158–161 (→ bias)
- Auswirkungen 18
- Blei/Federn 24–26
- Europakarte 7 f
- → Rahmeneffekt 52
- → Vernunft 43
- Wort/Tat 81
- Tversky, Amos 20, 40 f, 43, 48, 53 f, 56, 60 f, 63, 67, 70, 76, 83, 85, 87 f, 89 f, 91–93, 103, 116, 119, 121, 130, 159, 168
- «Tversky-Kahnemann-Situationen» 40
- Turing, Alan 130
- Typizitätseffekt 47, 64, 66 f, 72, 133, 155
- Typizitätsurteil 65, 68 (→ Urteile)

- Unbewußtes 12
- emotives 11, 43, 104
- individuelles 10
- kollektives 10
- Psychologie 40
- Widerstand 19
- Unbewußtes, kognitives 10–14, 124
- Auswirkungen 104
- Entdeckung 18, 40 f
- Ungewißheit → Unsicherheit
- *Unita* 141, 167
- Unsicherheit 24, 82, 92, 147–150, 164 f
- Unsicherheitseffekt 84, 86 f, 164
  (→ Disjunktionseffekt)
- Prüfung/Reise 86 f
- unzureichender Grund 88
- Urteile 10, 90, 126 f
- implizite 136
- reale 156
- irrationale 13
- sorgfältige 151
- diagnostische 153
- intuitive 24 f, 114, 131, 137
- «magische» 151 (→ Denken, m.)
- spezifische 24
- spontane 24, 40, 127, 139
- Urteilsschwäche 127

- Verfolgungswahn 109 f
- Verknüpfungseffekt 59–63, 65 f, 67
- Ärzte 61 f
- Verlust 28–30, 54–58, 85, 117, 159, 164 f

- Ausgleich 85, 159
- Risikobereitschaft 55 f, 159, 164 f

Vernunft 11 f, 26, 40, 43, 46, 80, 123, 137, 139 (→ Rationalität)
- vorübergehend ausgeschaltet 90

Versicherungspolice, mephistophelische 16–18

Versicherungsschutz, eingeschränkter 78–80

visuelles System 34 f

Vorsicht, irrationale 83 f, 87, 93 f
- als Tunnel 93 f (→ Tunnel, mentaler)
- bei Ärzten 93 f (→ Diagnose, ärztliche)

Vorurteile 68 f, 126, 152 (→ bias)
- kognitive Quelle 69
- unkorrigierbare 69

Vos Savant, Marilyn 142

Wahlakt, paradoxer 92

Wahrnehmungsheuristik 22 (→ Heuristik)

Wahrnehmungshypothese 36

Wahrnehmungsmodule 35 f
- «einfältige» 35

Wahrnehmungstäuschung 32–34, 36, 43, 125, 146 (→ kognitive Täuschung)
- klassische 32
- → optische 32

«Wahrnehmungstunnel» 21

«Wahr-Scheinen» 43

Wahrscheinlichkeit 23, 39, 47, 49, 64, 73, 97, 100, 102, 106, 116, 118, 162
- «absolute» 98
- → Bayesianische 102, 163
- Blindheit für 104, 117 f
- Definition 47
- effektive 74
- Falscheinschätzung 48
- fifty-fifty 55, 144
- kalkulierte 162 f
- → Konjunktion 60
- niedrige 117 f, 122
- objektive 64 f, 147
- optimistische 163
- zusammengesetzte 122

Wahrscheinlichkeitsaussagen
- Kollektive 63

Wahrscheinlichkeitsbegriff 63, 101
- regelwidrige Anwendung 66

Wahrscheinlichkeitsbewertung 118 f
- rationale Grundlage 97

Wahrscheinlichkeitskorrelationen 101 f

Wahrscheinlichkeitsparadigma 156

Wahrscheinlichkeitsrechnung 15, 47, 54 f, 61, 65, 80, 126, 137, 149 f
- einfache 48
- symmetrische 71

Wahrscheinlichkeitsschätzung 118

Wahrscheinlichkeitsschlüsse 122

Wahrscheinlichkeitsskala, intuitive 59 f, 65

Wahrscheinlichkeitssprünge 117

Wahrscheinlichkeitstheoretiker 63 f, 81

Wahrscheinlichkeitsurteil 63, 65

Wahrscheinlichkeitswerte 59

Wason, Peter 109

«Wason-Test» 102

Weinstein, Scott 157

Wirtschaftsaufschwung, vorausgesagter 91 f

Wissenschaft, experimentelle 12

Wissenschaftstheoretiker 24

Wittgenstein, Ludwig 24

Wittgensteinsches Paradox 24

Zufälle 116 f

science

Die Reihe **rororo science** bietet Lesern, die sich für Naturwissenschaft und Technologien interessieren, aktuelle und verläßliche Informationen. Die Autoren sind Wissenschaftler und Wissenschaftsjournalisten, die ohne Formelhuberei und Fachauderwelsch, dafür mit Sachverstand, Witz und farbiger Sprache über verschiedene Bereiche der Forschung und deren Auswirkungen auf unser Leben berichten.

Bernhard Borgeest
Ein Baum und sein Land
24 Symbiosen
(rororo science 9536)
Ein neuer, ungewohnter Blick auf unsere knorrigen Gesellen – der Baum ist nicht nur aus botanischer Sicht faszinierend, sondern auch als kulturhistorisches und ethnologisches Phänomen.

Christoph Drösser
Fuzzy Logic
Methodische Einführung in krauses Denken
(rororo science 9619)
Alle reden von Fuzzy Logic – und keiner weiß genau, was das ist. Der Wissenschaftsjournalist Christoph Drösser lädt ein zu einer vergnüglichen Zickzackfahrt durch Fuzzyland: die Grauzonen der graduellen Übergänge, des Noch-nicht-und-nicht-Mehr.

Claus Emmeche
Das lebende Spiel
Wie die Natur Formen erzeugt
(rororo science 9618)

Michel Jouvet
Die Nachtseite des Bewußtseins
Warum wir träumen
(rororo science 9621)

R. Ornstein/ R.F. Thompson
Unser Gehirn: das lebendige Labyrinth
(rororo science 9571)
«Unter den Veröffentlichungen der letzten Jahre auf dem Gebiet der Hirnforschung erhält das Buch seinen besonderen Stellenwert durch die eindrucksvollen Zeichnungen von Macaulay, der mit ungewöhnlichen, perspektivischen Darstellungen der Hirnstukturen auch den vorgebildeten Leser verblüfft.» *bild der wissenschaft*

Gero von Randow (Hg.)
Der Fremdling im Glas und weitere Anlässe zur Skepsis, entdeckt im «Skeptical Inquirer»
(rororo science 9665)
Mein paranormales Fahrrad und andere Anlässe zur Skepsis, entdeckt im «Skeptical Inquirer»
(rororo science 9535)

rororo sachbuch

science

Angelika Anders-von Ahlften/
Hans-Jürgen Altheide
Laser – das andere Licht
(rororo science 9664)
Laser – das andere Licht:
Was ist das? Wie funktioniert es? Was kann man damit machen?

John D. Barrow
Theorien für Alles
Die Suche nach der Weltformel
(rororo science 9534)
Gibt es eine Theorie, in der alle Naturkräfte und -gesetze vereinigt sind und die das Weltgeschehen vom Anfang bis zum Ende erklären kann? Das ist die zentrale Frage der Naturwissenschaft. Schon Sokrates geriet bei diesem Gedanken ins Schwärmen – und Ende des 20. Jahrhunderts zeigen sich Wissenschaftler wie Stephen W. Hawking zuversichtlich: «Es ist möglich, daß uns eines Tages der Durchbruch zu einer vollständigen Theorie des Universums gelingt.»

Hans Christian von Baeyer
Regenbogen, Schneeflocken und Quarks *Physik und die Welt, die wir täglich erleben*
(rororo science 9709)

Valentin Braitenberg
Vehikel *Experimente mit kybernetischen Wesen*
(rororo science 9531)

J. Hoff/ J. i. d. Schmitten(Hg.)
Wann ist der Mensch tot?
Organverpflanzung und «Hirntod»-Kriterium. Mit einem Geleitwort von Rita Süssmuth und fünfzehn neuen Beiträgen
(rororo science 9991)

A. Desmond/J. Moore
Darwin
(rororo science 9574)
Als «erste wirkliche Darwin-Biographie» würdigte die britische Presse dieses Werk, das in weiten Teilen erst seit wenigen Jahren zugängliches Material auswertet: die umfangreichen geheimen Tagebücher und die 14000 Briefe umfassende Korrespondenz. «Desmond und Moore haben aus dieser Fundgrube ein Darwin-Bild von bislang nicht denkbarer Lebensnähe rekonstruiert», schreibt *Peter Brügge* in seiner *Spiegel*-Rezension.

Gaby Miketta
Netzwerk Mensch
Den Verbindungen von Körper und Seele auf der Spur
(rororo science 9662)

Reimara u. Otto E. Rössler (Hg.)
Jonas' Welt *Das Denken eines Kindes*
(rororo science 9710)

rororo sachbuch

James Trefil

Physik im Strandkorb
Von Wasser, Wind und Wellen
Deutsch von Helmut Mennicken
288 Seiten. Gebunden und als rororo science 9683
Wie kommt das Salz ins Meer? Warum gibt es Ebbe und Flut? Wieso rollen die Wellen immer parallel auf den Strand zu? «Ein herrlicher Ausflug vom Strand bis ans Ende des Sonnensystems.»
The New York Times

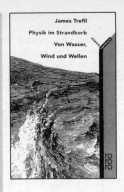

Physik in der Berghütte
Von Gipfeln, Gletschern und Gestein
(rororo science 9382)
James Trefils Streifzüge durchs Gebirge sind keine schweißtreibenden Kletterpartien, sondern lustvolle Gedankenreisen: von Felsmassiven zur Geschichte der Erde, vom sprudelnden Gebirgsbach zur Strömungslehre und Chaostheorie, vom Dreh-wuchs der Bäume zum Ur-sprung des Lebens.
«Trefil ist einer der wenigen Wissenschaftler, die dem Leser nicht nur die wissenschaftlichen Sachverhalte, sondern auch den Spaß daran vermitteln.»
Los Angeles Times

Fünf Gründe, warum es die Welt nicht geben kann
Die Astrophysik der Dunklen Materie
(rororo science 9313)
«Dem physikalischen Laien bietet dieses Buch nicht nur einen tiefen Einblick in Geschichte und derzeitigen Stand der Astrophysik, sondern auch in die Methodik einer lebendigen Wissenschaft.» *Universitas*

1000 Rätsel der Natur
Deutsch von
Helmut Mennicken
432 Seiten. Gebunden
Wunderlich Verlag
In lebendiger Sprache werden die Grundlagen der Biologie, der Physik, der Geologie und Astronomie dargestellt. Wir erfahren aber auch, was der Daumen des Panda-Bären evolutionsgeschichtlich bedeutet, warum wir alt werden, warum Blumen einst für das Dinosaurier-Sterben verantwortlich gemacht worden sind und was Computerviren mit Krankheitserregern gemeinsam haben.

rororo science

Fit im Kopf

Intelligenter, einfallsreicher, kreativer werden, der Vergeßlichkeit in zunehmendem Alter vorbeugen und entgegenwirken: praktische Ratgeber für ein gezieltes Training des Gedächtnisses.

Kathleen Gose / Gloria Levi
Wo sind meine Schlüssel?
Gedächtnistraining in der zweiten Lebenshälfte
(rororo sachbuch 8756)
Die Autorinnen dieses praktischen Ratgebers haben ein Programm entwickelt, das ein gezieltes Training des Gedächtnisses ermöglicht. Nebenbei werden auf anschauliche Weise Funktionen und Leistungen des Gedächtnisses erklärt.

Raymond Hull
Alles ist erreichbar *Erfolg kann man lernen*
(rororo sachbuch 6806)

Walter F. Kugemann /Bernd Gasch
Lerntechniken für Erwachsene
(rororo sachbuch 7123)

Ellen J. Langer
Fit im Kopf *Aktives Denken oder Wie wir geistig auf der Höhe bleiben*
(rororo sachbuch 9509)
Ein psychologisches Sachbuch – spannend, manchmal witzig, wissenschaftlich fundiert und trotzdem handfest praxisbezogen –, das mehr Licht in unser Leben bringt und mehr Leben in unseren Alltag.

Hans-Jürgen Eysenck
Intelligenz-Test
(rororo sachbuch 6878)

Ernst Ott
Das Konzentrationsprogramm
Konzentrationsschwäche überwinden – Denkvermögen steigern
(rororo sachbuch 7099)
Optimales Denken
Trainingsprogramm
(rororo sachbuch 6836)
Optimales Lesen *Schneller lesen – mehr behalten. Ein 25-Tage-Programm*
(rororo sachbuch 6783)

Wolfgang Zielke
Konzentrieren – keine Kunst
Ratschläge und Übungen für den Alltag
(rororo sachbuch 9556)
Der Autor zeigt, wie man seine Konzentrationsfähigkeit durch Veränderungen des eigenen Verhaltens und Arbeitens erhöhen kann. Er bietet eine vergnügliche und leicht zu lesende Sammlung von hilfreichen Ratschlägen und Tips.

rororo sachbuch

Die 100 des Jahrhunderts

Menschen, die die Welt bewegten

Wer waren die wichtigsten Persönlichkeiten, die das 20. Jahrhundert bestimmt haben? Eine neue Reihe bei *rororo handbuch* stellt die «100 des Jahrhunderts» mit Bild und biographischen Porträts in kompakter, präziser Form vor. Die Bücher bieten mehr Information als gewöhnliche Lexikon-Artikel und sind hilfreich für alle, die privat oder beruflich schnelle Informationen benötigen.

Die 100 des Jahrhunderts: Politiker
(rororo handbuch 6450)
Sie haben den Lauf der Welt bestimmt, ihre Namen sind mit Krieg und Frieden, mit politischen Systemen und sozialen Konflikten, mit internationalen Bündnissen und wirtschaftlichem Aufstieg verknüpft.

Die 100 des Jahrhunderts: Naturwissenschaftler
(rororo handbuch 6451)

Die 100 des Jahrhunderts: Fußballer
(rororo handbuch 6458)
Ihre Tore und Paraden begeisterten Millionen, ihre Niederlagen und Schicksale bewegten ganze Völker.

Die 100 des Jahrhunderts: Sportler
(rororo handbuch 6453)
Sie ziehen Millionen Menschen in aller Welt in ihren Bann – mit Höchstleistungen und Rekorden auf Bahnen und Pisten, in Hallen und Stadien.

Die 100 des Jahrhunderts: Filmregisseure
(rororo handbuch 6452)
Ihre Filme entführen in Bildwelten, deren Faszination sich niemand entziehen kann.

Die 100 des Jahrhunderts: Komponisten
(rororo handbuch 6457)

Die 100 des Jahrhunderts: Schriftsteller
(rororo handbuch 6455)

Die 100 des Jahrhunderts: Unternehmer und Ökonomen
(rororo handbuch 6454)

Die 100 des Jahrhunderts: Filmstars
(rororo handbuch 6459)
Ohne seine Heldinnen und Helden wäre der Film ein nur mäßig aufregendes Spektakel. Seit den Anfängen begeistern jedoch die Stars ihr Publikum, sie sind die Ikonen unseres Jahrhunderts geworden. Hier treten sie auf, die eleganten Divas und die unwiderstehlichen Herzensbrecher, die großen Schauspieler und die einsamen Heroinnen.